ケースで解かる

低資本による創業の教科書

［編著］
山下　義
池田　安弘

［著］
船橋　竜祐
福田　まゆみ
吉川　尚登
金子　孝弘
島津　晴彦
小林　雅彦
森田　精一
山下　れい子
沼口　一幸
藤島　有人
原田　純

同友館

はじめに

コロナ禍の時期を挟んで、2019年までと2021年以降の社会環境の変化を考えると、

(1) DX化、AI技術の一般化の急速な進展（情報化社会の新しいステージのスタート）
(2) ネット販売・ネットビジネスの拡大（取引環境、購買行動の変化）
(3) 働き方改革の進展（労働時間の短縮、セカンドワークの拡大、雇用契約の変化）

などが大きな変化として挙げられるでしょう。

こうした社会環境の変化はそのまま「企業の事業環境の変化」であり、市場ニーズの変化であり、消費行動の変化をもたらしています。更に、こうした社会経済環境の変化は、この本のテーマである「創業」に関しても大きな影響を与えているように思います。もう一つ考えなければならないのは「産業競争力強化法」による「特定創業支援等事業」の効果です。特に日本政策金融公庫の創業時の融資における自己資金の特例は、「自己資金の

少ない創業者」を生み出す社会装置として機能している側面があります。そうであれば、「少ない自己資金でも失敗しない創業の技術」は創業者の事業リスクを最小化するために不可欠な経営技術であると考えました。

これがこの本を企画した大きな目的です。この本によって、少しでも多くの創業者が「創業に失敗する確率」を少しでも小さくすることができれば幸いです。

中小企業診断士
池田　安弘

目次

第1章

背　景

1 『失われた30年』と開業率の相関性

2024年3月4日、日経平均株価が史上初の4万円を突破し、ようやく「失われた30年」が終焉し、日本経済が30年の長期停滞から脱する時代になるのでは?という期待感を抱いた方も、読者の中にはいるかもしれません。

しかし、日経新聞6月13日朝刊にて、「時事通信が7～10日に実施した6月の世論調査によると、岸田内閣の支持率は前月比2・3ポイント減の16・4%となり、2012年に自民党が政権に復帰して以降、最も低かった。自民党派閥の裏金事件を受けた政治資金規正法改正などの取り組みが、支持回復につながっていないことが明らかになった。」と報道されている通り、日経平均株価の高騰に反し、国民からの岸田政権への評価は厳しいものとなっているのが現状です。

そこには、自民党内の裏金問題への対応のみならず、過去最高と言われる株価(2024年6月末時点)に反して、国民の生活が豊かになっていない、所謂「失われた30年」は、今も継続中だという実感が、未だ多くの国民にあるからと言っても過言ではないでしょう。

実際、2024年6月27日、1ドルが160円台に乗るという、37年半ぶりの円安ドル高水準を更新しました。これを海外の視点から見れば、日本の株式時価総額は一向に増えておらず、日本の富も増えてない、円安によって逆に減少している状況だとも言えます。「日本政府は、人手不足問題解決として多くの海外労働者の流入を計画していますが、「日本の貨幣価値が安すぎて日本は補欠の出稼ぎ先」、より補欠国という認識が、送り出し国家側の労働者には蔓延しているのが現状です。政府は、外国人から働き先として「選ばれる国」を標榜していながら、実際には「選ばれない国」になりつつあります。このような現状からして、日本経済が「失われた30年」から脱却したと政府が宣言するのは、余りにも現実離れした景気観測であると言っても過言ではないでしょう。

余談ですが、平成バブル経済崩壊以降の「失われた30年」の要因については、識者・学者等、様々な言説が述べられておりますが、この国では「失われた30年の要因は自分である」と、自ら責任をとった言説をした政治家、高級官僚等の「公人」が皆無であり、メディア自身が「失われた30年」の原因を本気で追及してこなかったことが、もしかしたら、「失われた30年」が終わらない要因の一つかもしれません。

日本のバブル経済崩壊後の様々な政府統計を俯瞰したときに、一つ明確に言えることは、平成バブル経済崩壊以降の「失われた30年」を先進諸国と比較したときの、1990年以降の日本の「起業率」「開業率」「創業率」の明らかな低さです。

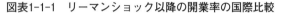

図表1-1-1　リーマンショック以降の開業率の国際比較

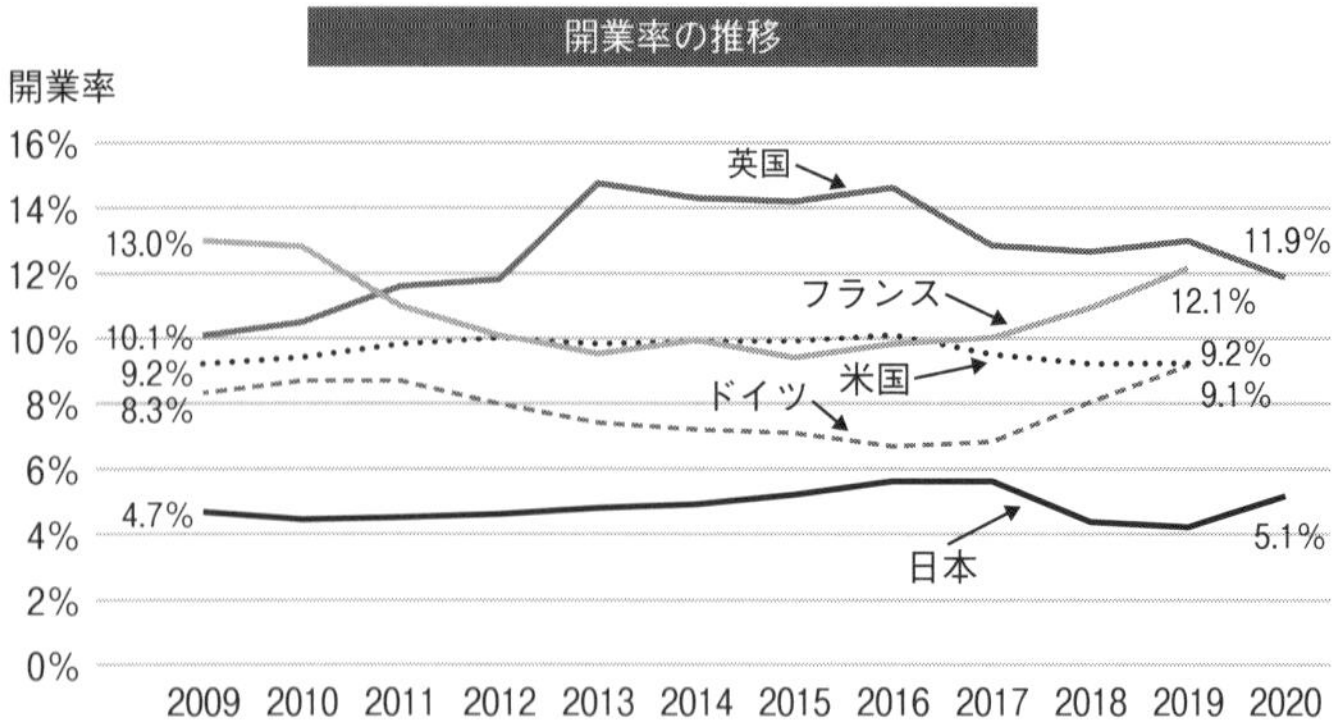

（注）　開業率＝当該年度に雇用関係が新規に成立した事業所数／前年度末の雇用保険適用事業所数
（出所）　中小企業庁「中小企業白書2022年度版」
出典：令和４年　内閣官房　スタートアップに関する基礎資料集
https://www.cas.go.jp/jp/seisaku/atarashii_sihonsyugi/bunkakai/suikusei_dai1/siryou3.pdf

上記の図表１－１－１のように、日本は明らかに他の先進諸国と比較して、開業率が低く推移しています。そして、「開業率」「廃業率」から作成された創造的破壊の指標と「経済成長率」には、正の相関関係があるという統計データも内閣官房から公表されており、「開業率」「起業率」の顕著な低さが、創造的破壊の推進を抑制し、結果的に日本に「失われた30年」をもたらしたという仮説は、大いに吟味すべきテーマであるといえます。

創造的破壊という文言は、経済学者であるヨーゼフ・シュンペーターの『資本主義・社会主義・民主主義』（１９４２年発刊）で提唱された経済学用

図表1-1-2　創造的破壊の高い国ほど、一人当たり経済成長率が高い

企業の参入率と退出率の平均（創造的破壊指標）と一人当たりGDP成長率

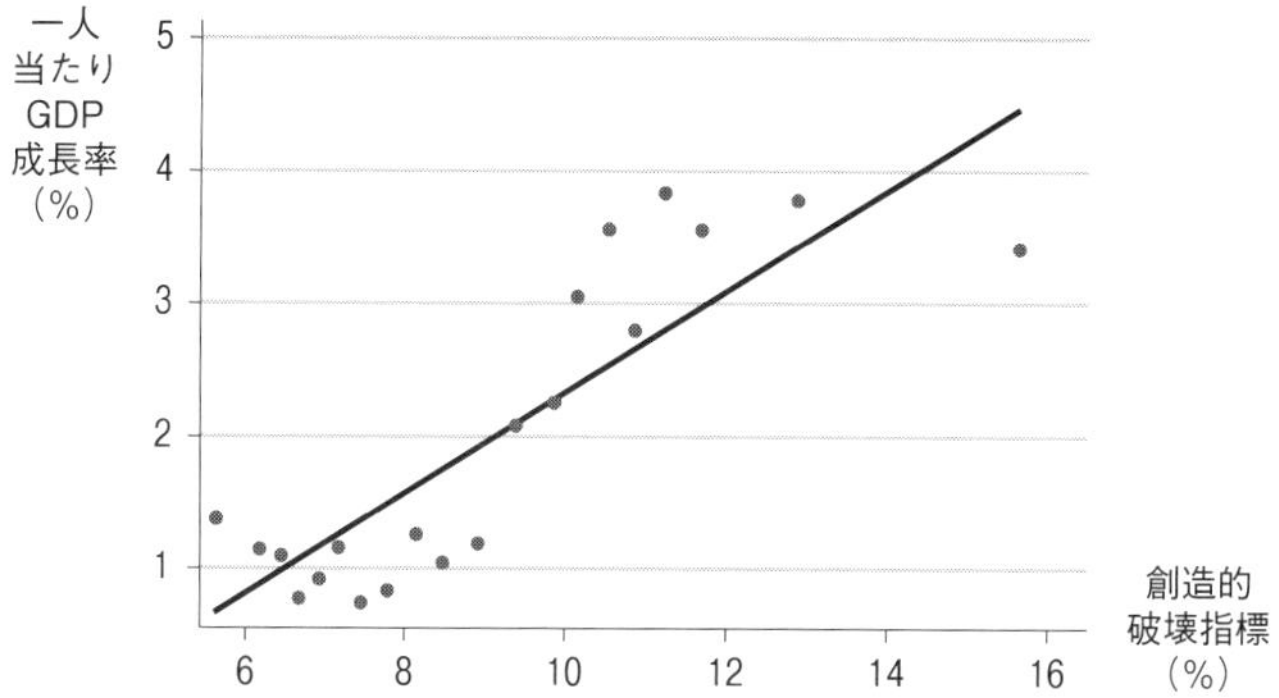

（注）創造的破壊指標は、企業の参入率（1年間での企業の参入数／活動中の企業数の割合）と退出率（1年間での企業の退出数／活動中の企業数の割合）の平均。対象は、オーストリア、ブルガリア、チェコ、クロアチア、デンマーク、エストニア、フィンランド、フランス、ハンガリー、イタリア、ラトビア、リトアニア、ポーランド、ポルトガル、ルーマニア、スロバキア、スペイン。2012－2016年

（出所）Philippe Aghion, Celine Antonin and Simon Bunel. 2021. *The Power of Creative Destruction*. Harvard University Press.

出典：令和4年　内閣官房　スタートアップに関する基礎資料集
https://www.cas.go.jp/jp/seisaku/atarashii_sihonsyugi/bunkakai/suikusei_dai1/siryou3.pdf

語であり、経済成長は新たな効率的な方法が生み出されれば、それと同時に古い非効率的な方法は駆逐されていくという、その一連の新陳代謝を指す言葉です。

創造的破壊は資本主義における経済発展そのものであり、これが起こる背景は基本的には外部環境の変化ではなく、野心的な企業家の起こす「イノベーション」であると定義しました。そして持続的な経済発展のためには絶えず新たなイノベーションで創造的破

図表1-1-3　時価総額グローバル TOP10の変化（2008年→2018年）

2008年					2018年				
#	企業名	国	セクター	時価総額（百万ドル）	#	企業名	国	セクター	時価総額（百万ドル）
1	ペトロチャイナ	中国	石油・ガス	723,998	1	アップル	米国	コンピュータハードウェア	825,593
2	エクソンモビール	米国	石油・ガス	511,887	2	アルファベット	米国	オンラインサービス	731,933
3	ゼネラルエレクトリック	米国	産業コングロマリット	374,637	3	マイクロソフト	米国	ソフトウェア	686,283
4	中国移動（チャイナモバイル）	香港	ワイヤレス通信サービス	354,245	4	アマゾン	米国	百貨店	671,084
5	中国工商銀行	中国	銀行	339,004	5	フェイスブック	米国	オンラインサービス	512,471
6	マイクロソフト	米国	ソフトウェア	333,054	6	テンセント	中国	オンラインサービス	497,697
7	ガスプロム	ロシア	石油・ガス	331,964	7	バークシャーハザウェイ	米国	損害保険	491,154
8	ロイヤルダッチシェル	オランダ	石油・ガス	264,764	8	アリババ	中国	オンラインサービス	454,451
9	AT&T	米国	ワイヤレス通信サービス	252,051	9	JP モルガンチェース	米国	銀行	387,707
10	中国石油化工	中国	石油・ガス	249,659	10	中国工商銀行	中国	銀行	354,750

備考：2008年２月12日時点、2018年１月１日時点。
資料：Thomson Reuters から作成。
出典：経済産業省「通商白書2018年版」より
https://www.meti.go.jp/report/tsuhaku2018/2018honbun/image/i02010114.gif

壊を行うことが重要であるとシュンペーターは説きました。

シュンペーター理論からすれば、日本の「失われた30年」という経済停滞は、日本国内の企業で「イノベーション」が行われていなかったからだと、結論づけることができます。

ちなみに、自身の父がシュンペーターの親友であり、シュンペーターから多大な影響を受けた著名な経営思想家、哲学者であるピーター・ドラッカーは、

図表1-1-4　時価総額国内企業 TOP10の変化（2008年→2018年）

2008年 東証1部 時価総額ランキング			
順位	銘柄名	コード	時価総額（億円）
1	トヨタ	7203	100,164
2	NTT ドコモ	9437	79,151
3	NTT	9432	73,669
4	三菱 UFJ	8306	64,978
5	任天堂	7974	47,813
6	東京電力 HD	9501	40,586
7	武田	4502	37,823
8	キヤノン	7751	36,945
9	ホンダ	7267	34,972
10	みずほ FG	8411	31,260

2018年 東証1部 時価総額ランキング			
順位	銘柄名	コード	時価総額（億円）
1	トヨタ	7203	222,273
2	NTT ドコモ	9437	97,659
3	ソフトバンク	9984	97,574
4	NTT	9432	90,108
5	三菱 UFJ	8306	87,916
6	キーエンス	6861	74,887
7	ソニー	6758	72,217
8	KDDI	9433	64,807
9	日本郵政	6178	61,695
10	ファーストリテイリング	9983	60,939

出典：筆者作成

「マネジメント」とは、要するに「マーケティング」と「イノベーション」に尽きると明言しています。そして、この「イノベーション」を喚起する役割を担うのは、既存の巨大企業では難しく、チャレンジ精神をもった起業家が興す、新規性の高い事業やビジネスモデルなのかもしれません。「失われた30年」から脱却できない理由は、日本企業や日本社会で本来起こるべき「イノベーション」が起こらずに、現状維持をもって及よしとしてきた自己保身的な体質が要因の一つであったという可能性を否定するは難しいといえるでしょう。

グローバルトップ10と日本のトップ10における企業の時価総額ランキングを、それぞれ、10年前である2008年（左側）と最新の2018年（右側）のランキングを比較したのが図表1－1－3と図表1－1－4です。日本のトップ10とグローバルのトップ10をそれぞれ見比べると、一目瞭然で、あることがわかります。

日本の時価総額ランキングは10年の間に上位10社の顔触れの変化が乏しいのに対し（2008、2018両年度で上位企業は、太字にて表記）、グローバル企業の比較ではがらりと顔ぶれが変わっています。米国のランキングではアップルやグーグル、フェイスブック、アマゾンなど新しく強烈な体験を提供する「創造的破壊者」たる企業がずらりと並んでいます。

2 政府の起業促進政策とスタートアップ

政府もこの現実を重く受け止めたのか、ようやく2022年2月16日に開催された第四回産業構造審議会にて経済産業政策局が次のような資料を作成し公開しています。

2010年以降のアメリカの経済成長の主導はGAFAMら新テック企業であり、GAFAMのようなスタートアップからユニコーン企業（創業10年内、評価額10億円以上、未上場テクノロジー企業）に成長する新興企業を創出しないと、日米の差が更に開いていく

図表1-2-1　スタートアップ政策の位置付け

- 新興企業であるGAFAMが米国の成長をけん引。**スタートアップは成長のドライバーであり、将来の雇用、所得、財政を支える新たな担い手。**
- **世界で戦えるスタートアップを早急に創出しなければ日本と世界の差は開くばかり。**
- 安定を求め、リスクをとらない、これまでの経済社会の制度・慣行、組織体質の変革を含め、**政府が一歩前に出て、スタートアップが迅速かつ大きく育つ環境を整備する必要。**

日本（TOPIX）と米国（S&P）における直近10年間の株式市場のパフォーマンスの推移[*1]

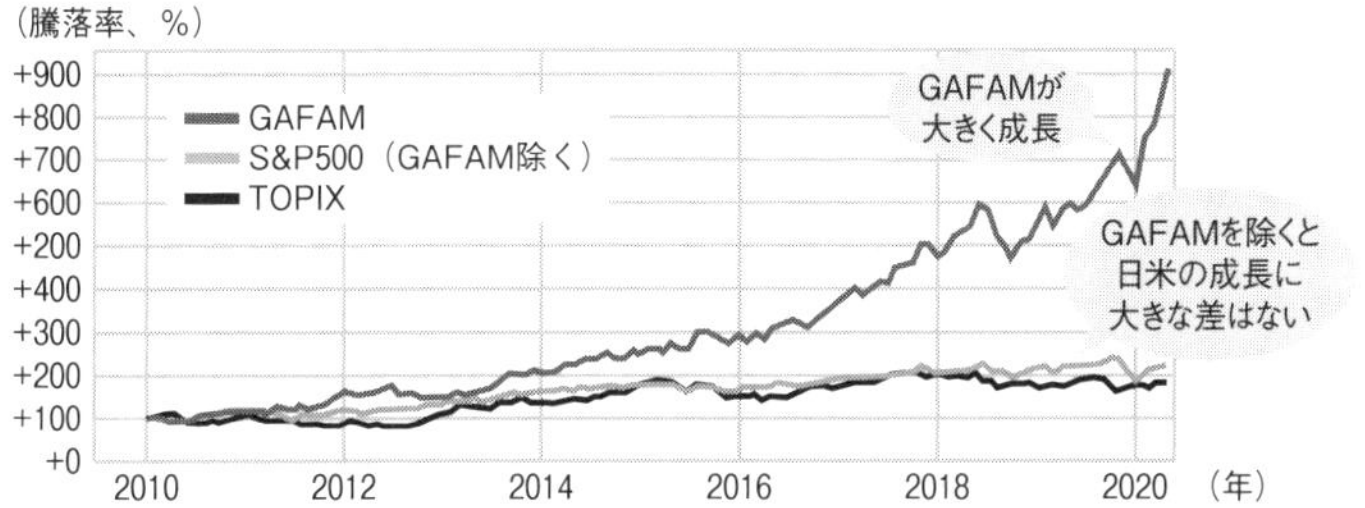

＊１：2010年１月の各終値を100とおいた場合の騰落率。休場日は前営業日の終値をプロットしている。

出所：S&P500指数、GAFAM 特価総額推移、日経平均株価指数データをもとにオコスモ作成

出典：経済産業政策局「スタートアップについて」
https://www.meti.go.jp/shingikai/sankoshin/shin_kijiku/pdf/004_03_00.pdf

ということへの危機感が滲み出た資料となっています。

日本政府は、日本にスタートアップを生み育てるエコシステムを創出し、第二の創業ブームを実現するため、2022年11月28日に「スタートアップ育成5ヶ年計画」を決定しました。そこでは①人材・ネットワークの構築、②資金供給の強化と出口戦略の多様化、③オープンイノベーションの推進、の3本柱を一体として強力に推進することを目標にしています。

図表1-2-2　日本のスタートアップが置かれている状況

●日本もユニコーン（企業価値10億ドル超の非上場企業）を創出しているが、その**スピードは、米国のみならず中国やインドにも及ばず、世界との差が開いている**状況。
●米国等では、デカコーン（100億ドル超）ヘクトコーン（1,000億ドル超）と呼ばれる企業価値の大きいメガスタートアップも存在しており、**数に加え、大きさでも世界と差が生じている**。

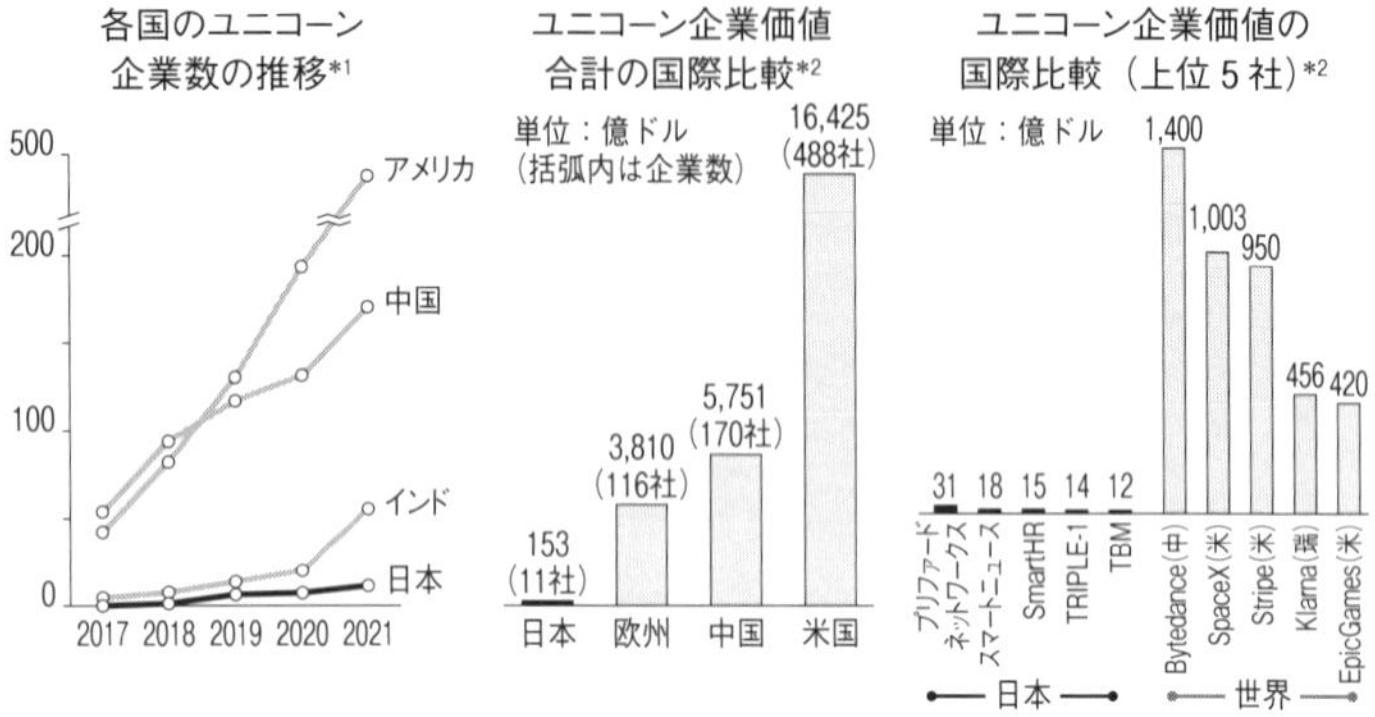

＊１：2021年12月時点でユニコーンではない企業は積算されていない。
＊２：１ドル＝115円で換算。
出所：CB Insights「The Complete List Of Unicorn Companies」、STARTUP DB
出典：経済産業政策局「スタートアップについて」
https://www.meti.go.jp/shingikai/sankoshin/shin_kijiku/pdf/004_03_00.pdf

3 コロナ禍以降の働き方の変化と低資本起業家の増加

２０１８年７月６日に「働き方改革関連法」が成立しました（図表１－３－１）。法案成立の背景には、失われた30年の要因とも言える日本企業の労働生産性の低下、深刻化を極める人手不足問題、そしてリンダ・グラットン著『ライフ・シフト』（東洋経済新報社）にて提言された「人生１００年時代」へのシフトの中で起こった、働き方の変化があります。

それら諸問題への解決策として、①メンバーシップ型雇用からジェネラリスト育成へのシフト、②日本型雇用形態といえる終身雇用を前提としての正社員重視や年功賃金制度から、多様な就労形態の許容や、雇用形態に関わりない公平な賃金設計へのシフト、を政府は提言しており、女性や高齢者、海外人材の労働参画を通じて、労働生産性の低下や深刻化する人手不足問題の解決が期待されるところです。

また、「働き方改革」の一環として、厚生労働省は「副業・兼業の促進に関するガイドライン」を発表し、同時に「モデル就業規則」から副業禁止規則が削除されました。

法案施行後の２０２０年初頭、中国武漢から世界中に拡散された新型コロナウイルス

図表1-3-1　中小企業に関する働き方改革関連法の施行時期

法改正の項目	法律	施行（各年4月1日）2019年	2020年	2021年	2023年	2024年
①年次有給休暇の取得義務化	労働基準法	→	→	→	→	→
②労働時間の把握の義務化等の健康管理措置の強化	安全衛生法	→	→	→	→	→
③「フレックスタイム制」の拡充	労働基準法	→	→	→	→	→
④「高度プロフェッショナル制」	労働基準法	→	→	→	→	→
⑤「勤務間インターバル制」促進	労働時間等設定改善法	→	→	→	→	→
⑥労働時間の上限規制の強化	労働基準法	★大企業は2019年4月から適用ずみ	→	→	→	→
建設事業／自動車運転業務等						→
⑦時間外労働60時間超の割増率50%への引上げ		★大企業は2010年4月から適用ずみ			→	→
⑧同一労働同一賃金	パートタイム労働法、労働契約法、労働者派遣法		★パート有期法は大企業は2020年4月から適用　労働者派遣法は2020年4月から適用	→	→	→

出典：独立行政法人中小企業基盤整備機構　HPより引用
https://j-net21.smrj.go.jp/law/ffsr280000008icu.html

は、世界の人々の働き方を一変させました。都心部に立地される企業オフィスの多くは、感染症対策として「テレワーク」を推進し、戦後「常識」とされてきた「毎日会社のオフィスに通う」という就労慣行の変革を促進しました。

　更に起こった変化は「副業・複業」についてです。従来の日本企業では、就業規則に副業禁止規定が織り込まれており、正規雇用者が会社の許可なく副業をすることが、大半の企業で禁

図表1-3-2　副業がある者の数（非農林業従事者）の推移
(2007年～2022年）－全国

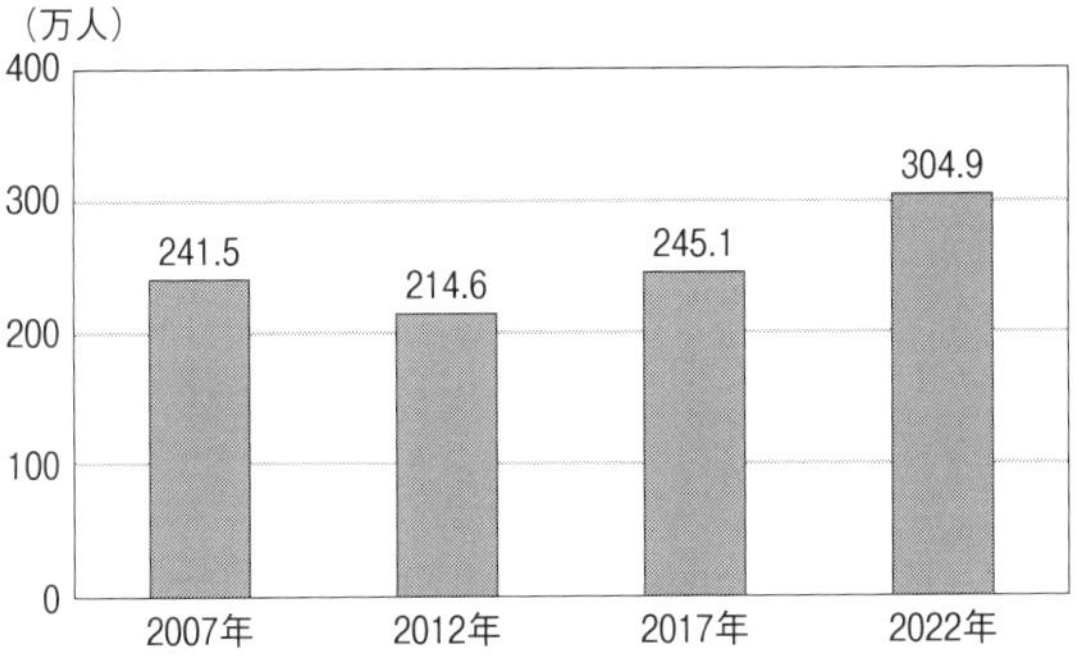

出典：総務省　令和４年就業構造基本調査 結果の要約
https://www.stat.go.jp/data/shugyou/2022/pdf/kall.pdf

じられてきておりました。しかし、新型コロナウイルス拡大による雇用環境の変化も影響し、ＩＨＩ、みずほＦＧ、ＫＤＤＩのような大手企業でも副業解禁する企業が現れ始めました。また、ヤフー、ダイハツ工業、ライオンなどは、副業人材の積極採用を開始しました。

２０２３年７月に令和４年就業構造基本調査が公表されました。この調査は総務省が５年おきに実施し、日本全体の就業状況等が調査されるのですが、そこで副業者数の大幅な変化がみてとれます。

副業者数は２０１２年２１４万人、２０１７年２４５万人と推移してきたところ、今回結果によれば２０２２年の副業者数は３０４万人と大幅に増加しました。副業のある人の数を有業者数で除した副業者比率は２０１２年３・６％

図表1-3-3　雇用形態別副業者比率の推移（2007年〜2022年）ー全国

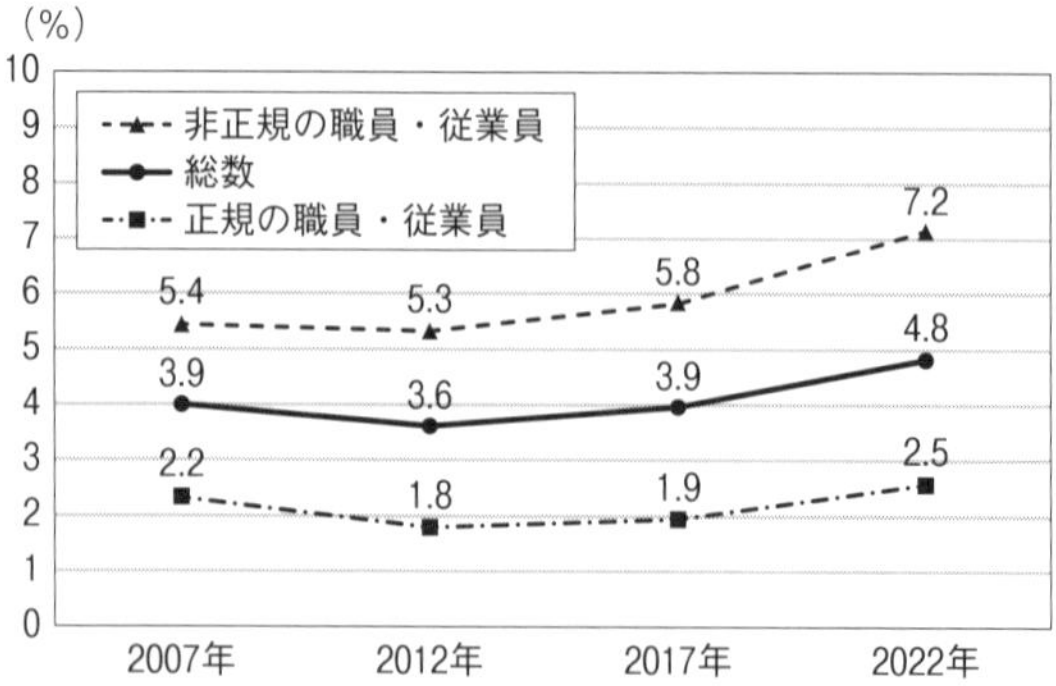

出典：総務省　令和４年就業構造基本調査 結果の要約
https://www.stat.go.jp/data/shugyou/2022/pdf/kall.pdf

↓２０１７年３・９％↓２０２２年４・８％とこちらも上昇しています。

コロナ禍以降、副業意識の高まりとともに広がっているのが「スモールビジネス起業」や「プチ起業」といった身軽な起業のコンセプトです。「スモールビジネス起業」や「プチ起業」は、前節で取り上げたような「スタートアップ」とは異なり、リスクも少なく手軽に始められる起業手法のため、興味を持つ人が多いようです。また、副業から開始する「スモールビジネス起業」や「プチ起業」が軌道に乗り本業となることで、脱サラ・独立することも可能です。独立せずに、週末やスキマ時間を使った働き方での起業も可能なため、本業を辞める必要もありません。こうした最近の新しい起業コンセプトは、本格的な本業としての起業のように主の

図表1-3-4 Startup と Small Business の違い

	Startup	Small Business
成長方法	**Jカーブを描く** 成功したら、**巨額のリターンを短期間で生む**ことができる	線形的に成長 **そこそこのリターン**を着実に得ることができる
市場環境	市場が存在することが確認されていない**不確実な環境**の下で競争が行われ**タイミング**が非常に重要である	既に市場が存在することが証明されている **市場環境の変化は少ない**
スケール	初期は少数だが、**一気に多くの人に**届けることができる	少数から徐々に増やすことができる **少数のままで運用**できる
関わるステークホルダー	**ベンチャーキャピタリスト**や**エンジェル投資家**	自己資金、**銀行**
インセンティブ	上場やバイアウト（買収）によるストックオプション、**キャピタルゲイン**	安定的に出せる**給料**
対応可能市場	労働力の調達・サービスの消費が**あらゆる場所**で行われる	労働力の調達・サービスの消費が行われる**場所は限定**される
イノベーション手法	既存市場を再定義するような**破滅的イノベーション**	既存市場をベースにした**持続的イノベーション**

出典：東京創業ステーション　https://startup-station.jp/ts/tsushin/bn/column16/

収入源とせずに済むため、多くの人が気軽に始めています。しかし、いくら気軽とは言え、事業を営むことには変わりありません。失敗すると痛い目に会うこともあるため、慎重に検討する必要があります。

図表1－3－4が、スタートアップとスモールビジネスの主な違いとなります。

スタートアップとスモールビジネスの間には多くの違いがありますが、特徴的なのがスタートアップの曲線です。「U字カーブ」と言われる事もあるその成長曲線は、スタートアップの特徴をとて

図表1-3-5　成長曲線の比較（スモールビジネスとスタートアップ）

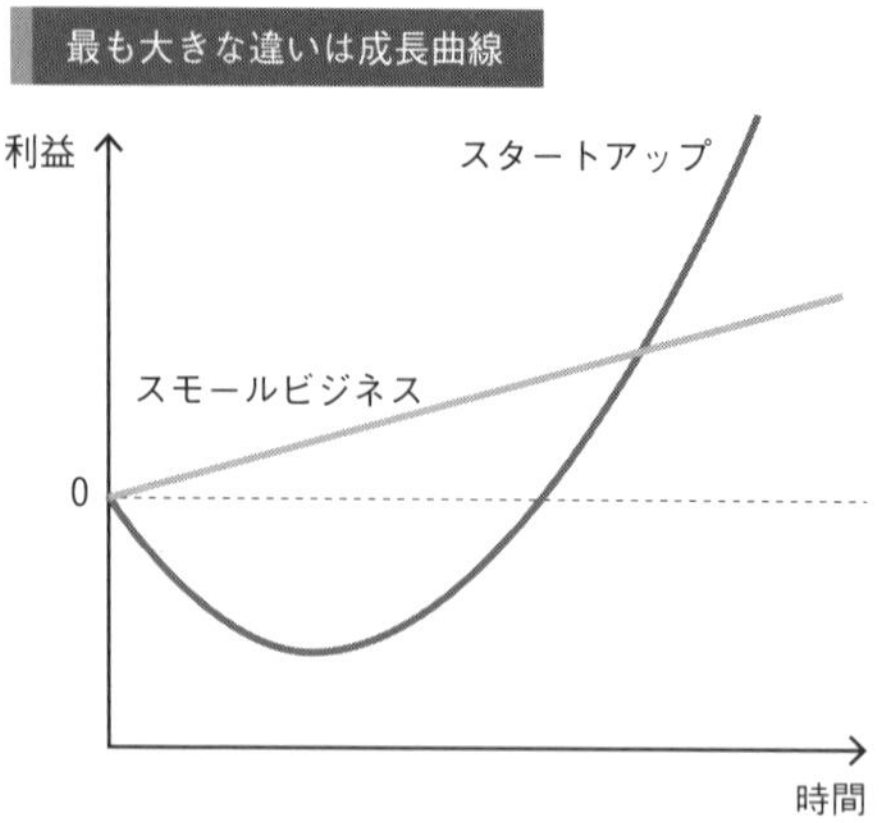

出典：東京創業ステーション　https://startup-station.jp/ts/tsushin/bn/column16/

もよく表現しています。最初は大きく赤字を掘り続け、一定のタイミングでその赤字幅が反転するタイミングが訪れます。そして一気に大きくなっていき、莫大な利益をもたらすことを目指したのがスタートアップと言えます。半面投資額が大きくなり、失敗時のリスクは大きくなります。スモールビジネスは「顧客の顕在ニーズを既存の代替品よりも効率よく解決する」ビジネスであり、顕在ニーズを捉えた手堅いビジネスモデルを構築すれば、コストやリスクを抑えての起業が可能ともいえます。

本書では、サラリーマンや専業主婦（専業主夫）や学生、仕事をリタイアした高齢者の方など、多様な立場の方がリスクを極力減らし、創業費用のコストダウンをし、手堅く収益をあげるための起業モデルと言える、「スモールビジネス起業」や「プチ起業」をする際のヒントや成功事例をまとめてみました。

コラム　プロレス界のイノベーション「軽トラプロレス」の挑戦！

プロレス業界は、一説では100以上の団体があるといわれていますが、ほとんどの団体が、現在テレビの放映権料も入らず、チケット販売が主な収入源のため、本業だけで食べていける選手は、人気実力が上位のごく一部の選手だけということを、ご存知でしょうか。

敗戦後の日本で起こった「プロレス」ブームは、街頭テレビの普及時のキラーコンテンツとして、全国的な人気を獲得しました。そのビジネスモデルは、公営体育館を借り、そこに大人数が参加してのリング設営を一気に行い、選手であるレスラー、レフェリー、裏方さん等の参画があって、興行が成立するには莫大な費用が必要となります。

このようなプロレス業界にて、低資本で一人プロレス団体を立ち上げたのが大日本プロレス出身のオルカ宇藤氏です。

低コストのポイントは、

①軽トラックをシンボルマークとなるプロレスリングへと改造し、正方形のリング設立費用を節約

②全国どこにでも移動し興行開催できるという立地に囚われないビジネスモデル

③宇藤氏の事業計画、交渉能力と人柄が買われ、著名ネット番組『令和の虎』で、すんなり軽トラ改造費用としての100万円創業融資を獲得

④従来の鑑賞料を聴取するマニア向けビジネスモデルではなく、プロレスへの関心が高くない方にプロレスを身近に楽しんでもらう体験参加型ビジネスモデルへのシフト

⑤テレビ放送などに依存せず、興行をネット

写真：代表者からの提供

配信することで、認知度を上げていくマーケティング戦略

宇藤氏によれば、この新規事業で想定外に課題となったのは「開催場所の確保」だったといいます。軽トラを活用してのプロレスショーは、今まで存在しなかった興行モデルであり、安全確保等、解決すべき課題が多く、興行開催場所が容易には見つかるわけではないとのこと。

今後は固定ファンと認知度獲得のために、都内でのハウスショーを定期開催していくことがSNSで公表されており、ハイブリッド型にシフトしていくようです。実際の飲食店でも、個店とキッチンカーのハイブリッド型の方が成功確率は高いので、ハウスショーの開催は事業拡大に向けての好手になると思われます。

第2章

低資本による創業の方法論

この章では、低資本による創業の方法について説明します。まずは、創業についての基本知識に触れ、低資本創業の方法および低資本にするための資金調達について説明します。

1 創業のステップ

(1) 創業の基礎知識

業種業態、資金の大きさに関わらず、創業の基礎知識は必要です。実際創業するまでに準備することがあります。創業前の検討や準備は創業後の経営状況を左右するのでしっかり情報収集し検討して準備しましょう。

① 事業形態

事業形態を個人事業主にするのか、法人（会社）にするのかは、事業規模、業種、将来の事業をどのように見込んでいるかなどにより異なります。

会社には、会社法で定められた「株式会社」、「合同会社」、「合資会社」、「合名会社」の4種類があります。新設できる会社は、この4種類です。

図表2-1-1　個人事業主と法人の特徴の違い比較

	個人事業主の特徴	法人の特徴
創業手続	簡単 開業届を提出 青色申告を希望する場合は「青色申告承認申請書」も提出	手間と費用がかかる 法人登記、会社設立に必要な書類や会社印の用意が必要
信　用	法人と比較して信用力は低い	信用力ある（大きな事業をする場合や取引先の開拓、従業員の確保などの面で有利）
税　金	所得税、個人住民税、消費税、個人事業税 ※所得税はもうかるほど税率が高く控除が少なくなる	法人税、法人住民税、法人事業税、消費税など ※法人税は所得税よりも税率が穏やか。赤字でも法人住民税がかかる
	事業所得が低いうちはあまり差がない。所得が大きくなると法人のほうが節税効果は高くなる	
経　費	事業にかかる費用は基本的に計上できる （自分への給与や生命保険料は経費にできないなど制限はある）	事業にかかる費用の他にも自分の給与や退職金も経費として計上できる 経費に認められる範囲が広く柔軟
赤字の繰越	３年（青色申告の場合）	10年
事業主の給与	給与という概念はなく、売上から経費や社会保険料などを差し引き残ったものが事業主の所得となる	社長１人であっても、法人から支払われる
社会的信頼度	法人に比べて低い 事業を行う上での支障は特になし	高い 新規の契約や融資にも有利
会計・経理	個人の確定申告	法人決算書・申告 （税理士が必要なことが多い）
責　任	無限責任 事業の成果はすべて個人のものだが、事業に万一のことがあると、個人の全財産を持って弁済しなければならない	有限責任 ※合資会社の社員の一部および合名会社の社員を除く ※代表者は取引に際し、保証をする場合は保証責任を負う。 法人と個人の財産は区別されており、法人を整理するときには、出資分を限度に責任を負う。
メリット	・開業に時間とお金がかからない ・税金の申告が簡単	・所得が多くなると個人事業主よりも、税金を抑えられるケースが多い ・社会的な信用度が得られやすい
デメリット	・所得が多くなると法人よりも所得税が高くなるケースがある ・法人と比べると社会的信用度が低い ・実施できる節税効果が法人よりも少ない	・設立にコストがかかる ・税金の申告が大変 ・事業を継続するコストが増える

出典：筆者まとめ

図表2-1-2　会社種類と責任

	株式会社	合同会社	合資会社	合名会社
責　任	間接有限責任	間接有限責任	無限責任 有限責任	無限責任
特　徴	会社債権者にとって担保となるのは、会社財産だけになります 株式の発行による資金調達が可能です	2006年に新会社法が施行されて以降、有限会社に代わる会社形態として注目されています	無制限に責任を負う「無限責任社員」と、出資額までの責任を負う「有限責任社員」が各１名以上、合計２名以上からなります	無制限に責任を負う「無限責任社員」だけで構成される会社形態です
社会的信用度	高い	やや低い	低い	低い
資本金	１円以上	１円以上	規定なし	規定なし
上　場	できる	できない	できない	できない
決算公告	必要	不要	不要	不要
メリット	社会的な信用度が高い	設立コストの安さと簡便さ、定款認証が不要、手続も比較的簡単		
デメリット	赤字経営であっても、最低７万円ほどの法人税が課される、会計処理が複雑化	社会的信用度は株式会社に劣ります	無限責任であるため経営者リスクがあります	無限責任であるため経営者リスクがあります
備　考	一般的な会社形態	2006年の新会社法の施行以降は、合資会社や合名会社より、経営者のリスクが少ない合同会社を設立するケースが多くなっています。		

出典：筆者まとめ
※法改正により上記内容が変更となる場合がある。

②　許認可手続き

許認可とは、国民の安全や健康を守ることを目的としており、また一定の衛生水準や技術水準など特定の事業を行う際に必要な手続きであり、法律で定められている内容の許認可を取ることで事業を行うことができます。許認可には、「届出」、「登録」、「認可」、「許可」、「免許」の5種類に分類されます。業種によって種類や申請先が異なります。申請先となる行政機関は、都道府県や国土交通

図表2-1-3　業種・許認可・窓口行政機関対応表

	届出	登録	認可	許可	免許	備考
飲食店営業				○ 保健所		
理容・美容業	○ 保健所				○ 保健所	美容師や理容師の免許
クリーニング業	○ 保健所、 都道府県					
医薬品等の販売業など				○ 保健所		
介護事業			○ 都道府県			
ペットショップ		○ 都道府県				
酒類販売業					○ 税務署	酒の製造・販売・卸売など
旅行業		○ 都道府県、 国交事務所				一般旅行業・代理店業：運輸局 国内旅行業・代理店業：都道府県庁
旅館業			○ 保健所、 都道府県			
保育園			○ 都道府県			
倉庫業		○ 運輸局				
運送業				○ 運輸局		
パチンコ店、ゲームセンターなど				○ 警察		
不動産業					○ 都道府県	

出典：筆者まとめ
※上記は主なものをまとめたものです。詳細は、各関係機関に確認ください。

省、保健所、税務署、警察署など許認可の種類によって異なります。許認可が必要であるにもかかわらず申請せず事業を行った場合、法令違反として処罰される可能性があるので注意が必要です。

起業する前に「許認可が必要な事業かどうか」確認が必要です。

③　創業に伴う届け出

創業に伴う届出は、大きく分け税務関係と社会保険関係があります。

1)　税務署への届出

個人事業主の場合と法人の場合とで税務署への届出は異なります。

a.　個人事業主の場合

税務署に「個人事業の開業・廃業等届出書」（開業届）を提出、都道府県税事務所と市町村に「事業開始等申告書」を提出します。

開業届には、「屋号」の記入欄があります。屋号とは店や事務所の名前のことであり、屋号はつけなくても開業届は提出できます。留意点として屋号には「会社」はつけられません。

税務署へ青色申告をする場合は、税務署へ「青色申告承認申請書」を提出します。

図表2-1-4　税務署への届出と留意点

	届出先	種　類	提出期限・留意点等
個人	税務署	①個人事業の開業・廃業等届出書	事業の開始等の事業があった日から１ヵ月以内
		②青色申告承認申請書（青色申告したいとき）	原則、申告をしようとする年の３月15日まで
		③給与支払事務所等の開設届出書（従業員などに給与を支払うとき）	開設した日から１ヵ月以内
	各都道府県税事務所	事業開始等申告書など	各都道府県等で定める日
法人	税務署	①法人設立届出書	・設立の日から２ヵ月以内 ・定款の写しなどの定められた書類の添付が必要
		②給与支払事務所等の開設届出書（従業員などに給与を支払うとき）	開設した日から１ヵ月以内
		③たな卸資産の評価方法の届出書	確定申告の提出期限まで
		④減価償却資産の償却方法の届出書	確定申告の提出期限まで
		⑤青色申告承認申請書（青色申告したいとき）	設立後３ヵ月を経過した日と最初の事業年度終了日のうち、いずれか早い日の前日まで
	各都道府県税事務所	法人設立等申告書など	各都道府県等で定める日

※上記以外に届出等が必要または不要な場合や、届出およびその期限等が異なる場合があります。詳しくは各届出先に問い合わせてください。
出典：日本政策金融公庫「創業の手引」「13創業に伴う届出」より抜粋

b．法人の場合

法人の場合は、税務署への届出は多くなります。「法人設立届出書」、「給与支払事務所等の届出書」（従業員などに給与を支払うとき）、「たな卸資産の評価方法の届出書」、「減価償却資産の償却方法の届出書」、「青色申告申請書」（青色申告する場）。各都道府県税事務所へは「法人設立等申告書」などの届出があります。

図表2-1-5　社会保険関係の届出と留意点

届出先	種　類	提出期限・留意点等
年金事務所	健康保険、厚生年金保険 ①新規適用届 ②被保険者資格取得届 ③（法人の場合） 履歴事項全部証明書または登記謄本 （個人の場合） 事業主の世帯全員の住民票 など	・法人の場合 常時従業員（事業主のみの場合も含みます）を使用するすべてが加入 ・個人の場合（※） 常勤の従業員５人以上はすべて加入（サービス業の一部についてはこの限りではない。）常勤の従業員５人未満は任意加入
公共職業安定所（ハローワーク）	雇用保険 ①雇用保険適用事業所設置届 ②雇用保険被保険者資格取得届 など	個人、法人とも従業員を雇用するとき適用事業所となる ①設置の日の翌日から10日以内 ②資格取得の事実があった日の翌月10日まで
労働基準監督署など	労災保険 ①保険関係成立届 ②概算保険料申告書 など	適用事業所は雇用保険と同じ ①保険関係が成立した日の翌日から10日以内 ②保険関係が成立した日の翌日から50日以内

※個人事業主は、国民健康保険、国民年金の適用となる。届出先は市区町村役場。
出典：日本政策金融公庫「創業の手引」「13創業に伴う届出」より抜粋

2）社会保険関係の届出

個人事業主でも法人でも従業員を雇用する場合は、社会保険の加入手続きが必要であり、関連した届出が必要です。

(2) ビジネスプラン

ビジネスプランを立てる際には、次の3つのステップに沿って考えるのが有効です。

①事業の方向性の検討
②事業コンセプトの策定
③事業計画書の作成

このステップに沿って進めて、行き詰ったら前のステップに戻って考えます。ビジネスプランは、何度も練り直することによって、「やりたいこと」がはっきりとして、事業の成功率を高くすることができます。それでは、３つのステップについて、詳しく説明します。

① 事業の方向性の検討

まず、どのような事業を創業するか、次の３つの観点から検討します。

・自分のやりたいこと
・自分にできること
・世の中に求められること

・自分のやりたいこと

「やりたいこと」は、一言で説明すれば、創業の動機です。

具体的には、いつ、どこで、どんな経験をして、創業をしたいと考えるようになったか、思い出してみてください。

例えば、会社員の方が「子どもの頃からＤＩＹに興味があり、いつか自分の工務店を持ちたいと考えていた」とか、その会社員が親御さんになって「子育てをしながらリモートワークで快適に働き、ペットも飼える住みやすい住宅が見つからない」とき、それらの経

図表2-1-6　事業の方向性

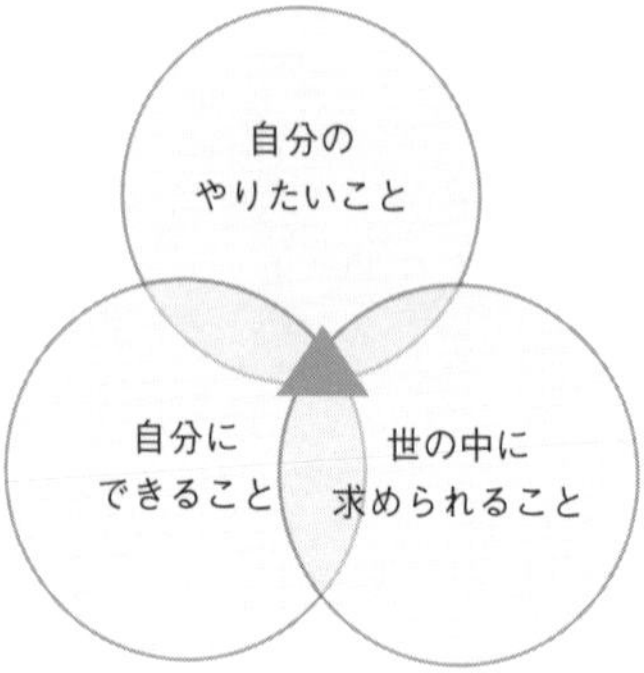

出典：日本政策金融公庫『創業の手引（2023年）』を参考に筆者作成

験を通じて、どのような事業を創業したいと思うでしょうか？　そして、その事業を通じて何を成し遂げたいと考えるでしょう？　この会社員の場合であれば「家族のニーズに応えるリフォームサービスで、快適な住環境を提供したい」というのが、「やりたいこと」に当たります。

「やりたいこと」に対する熱意や意思は、創業してからの困難を乗り越える原動力になります。

・できること

「できること」は、一言で言うと、創業者ご自身の経歴にあります。

具体的には、自分の持っている資格や知識、経験や技術、仲間や人脈、住んでいる地域の資源など、事業に活かせるものを考えてみてください。

例えば、「勤め先の建設会社で得た業界に関する知識や、建材メーカーや建築業者など業界関係者とのつながり」などです。そして、それらの知識、経験、人脈、住んでいる地域の資源などを使って、自分ができることは何かを考えてみます。すると、「顧客のニーズ（例えば、子どもやペットの健康に優しい）に合った建材を選び、間取りを考え、適切な人員、資金管理によって住宅のリフォームの施工を管理できる」などが、「できること」に当たります。

自分に「できること」が無ければ、前述の「やりたいこと」に対していくら熱意や意思があっても、実現することは難しくなります。

・世の中に求められること

「世の中に求められること」は、一言で説明すれば、お客様からの需要です。

具体的には、現行の製品やサービスに不満を感じることや、地域や社会全体で問題になっていることから考えることができます。

例えば、「地域にもリフォーム業者はあるのだが、最新の情報や顧客の個別のニーズに対応するサービスが不足している」という不満や問題点などです。そして、それらの不満や問題点の解決を望む人は具体的にはどのような人（年齢、性別、職業、家族構成など）かを考えます。「家をリフォームしたいと考えているが、既存のリフォーム業者では対応が難しい細かい要望を持つ家族」などが「お客様」であり、そのような「お客様」の人数が多ければ多いほど、「世の中に求められること」と言うことができます。例として、「リモートワークをするための専用スペースや防音設備を備えたリフォーム」を提供することで、在宅勤務のストレスを軽減し、より快適な仕事環境を住宅の一部とすることができます。さらに、「ペット専用のスペースやペットフレンドリーな素材を使用したリフォーム」を提案することで、ペットと共に快適に過ごせる住環境を提供することができます。

お客様の不満や不便や不安を解消するなどして、「世の中に求められること」であるからこそ、売上という対価を得ることができます。

「自分のやりたいこと」、「自分にできること」、そして「世の中に求められること」、この3つの要素を満たす事業であれば、継続できる可能性が高い事業であると言うことができます。ここまで考えてきた例では、創業する事業の方向性を、次のようにまとめられます。

「子育てをしながらリモートワークでペットを飼う、といった家庭の細かなニーズにも適したポストコロナのライフスタイルに合わせた提案によって、快適な毎日を過ごせるリフォームを専門とする建設業」

②　事業コンセプトの策定

「事業の方向性」が固まったら、より具体的に事業の内容を検討します。

まず、「自社」について、さらに「お客様」、「競合」についてもしっかりと分析します。

その上で、「誰に」、「何を」、「どのように」提供して対価を得るのかを具体的に示す「事業コンセプト」を決定します。

・「自社」の分析

まずは自分自身の「強み」を知っている必要があります。

この分析を行う際に便利な切り口は、「ヒト」「モノ」「カネ」「情報」です。この4つは経営資源とも呼ばれており、事業を運営する上で必要不可欠な要素です。次にあげるのは、その一例です。

・「お客様」「競合」の分析

事業コンセプトを策定する上で、「お客様」、「競合」を意識して、「自社」を客観的に分析することが重要です。その際に活用できる分析方法の代表的なものにＳＷＯＴ分析、３Ｃ分析、ポジショニング分析があります。

図表2-1-7　経営資源

経営資源	内　容	例
ヒト	自分、家族、従業員、協力者など	自分は手先が器用で、大工仕事が得意
モノ	商品、製品、材料、設備、土地など	創業の地域で良質な木材の仕入れ先を確保
カネ	自己資金、借入金、補助金など	創業に向けて会社員時代からの貯金
情報	資格、知識、経験、技術、特許など	評判のよい棟梁に弟子入りして磨いた技術

出典：千葉県信用保証協会『創業の書（2023年）』を参考に著書作成

＊**ＳＷＯＴ分析**：ＳＷＯＴは、内部環境の強み（Strength）と弱み（Weakness）、外部環境の機会（Opportunity）と脅威（Threat）の4つ頭文字で、「自社」の強みと弱みを整理して、市場のビジネスチャンスと取り巻く環境の変化を押さえておく分析手法です。外部環境には、「競合」だけでなく景気動向や法規制や社会構造の変化などの要因も含めた上で、分析を行います。「自社」の強みと外部環境の機会を掛け合わせて経営方針を立てるのが良いとされています。ここでは図を使って行うＳＷＯＴ分析の一例をご紹介します。

＊**3Ｃ分析**：3Ｃは、Customer（カスタマー＝お客様）、Competitor（コンペティター＝競合）、Company（カンパニー＝自社）の頭文字で、想定する「お客様」のターゲット層や市場規模、「競

図表2-1-8　SWOT 分析

SWOT 分析	プラス要因	マイナス要因
内部環境 自社が原因・所有しているもの	S：強み Strength 自社の持つ長所、得意なこと	W：弱み Weakness 自社の短所、苦手なこと
外部環境 自社に影響を与えるまわりの環境	O：機会 Opportunity 社会や市場の変化などでプラスに働くこと	T：脅威 Threat 社会や市場の変化などでマイナスに働くこと

例：建築業	プラス要因	マイナス要因
内部環境 自社が原因・所有しているもの	S：強み ・手先が器用 ・創業に備えた貯金	W：弱み ・IT が苦手 ・経理の経験がない
外部環境 自社に影響を与えるまわりの環境	O：機会 ・地元で良質な木材を確保 ・健康志向	T：脅威 ・低価格が特長の競合が進出

出典：著書作成

合」他社の商品力や取り組みを踏まえて、「自社」の強みと課題を分析する手法です。

＊ポジショニング分析：「お客様」の特定に使われる分析方法にＳＴＰ分析と呼ばれる手法があります。これは、市場と「お客様」を様々な変数を使って細分化（Segmentation＝セグメンテーション）して、「自社」の特徴に応じて「お客様」の絞り込み（Targeting＝ターゲッティング）を行い、「お客様」に対して「自社」を「競合」と差別化（Positioning＝ポジショニング）する手法です。

ここでは図を使って行うポジショニング分析の一例をご紹介します。

・事業コンセプトの決定

ここまでの「自社」の分析と、「お客様」、「競合」

図表2-1-9　ポジショニング分析

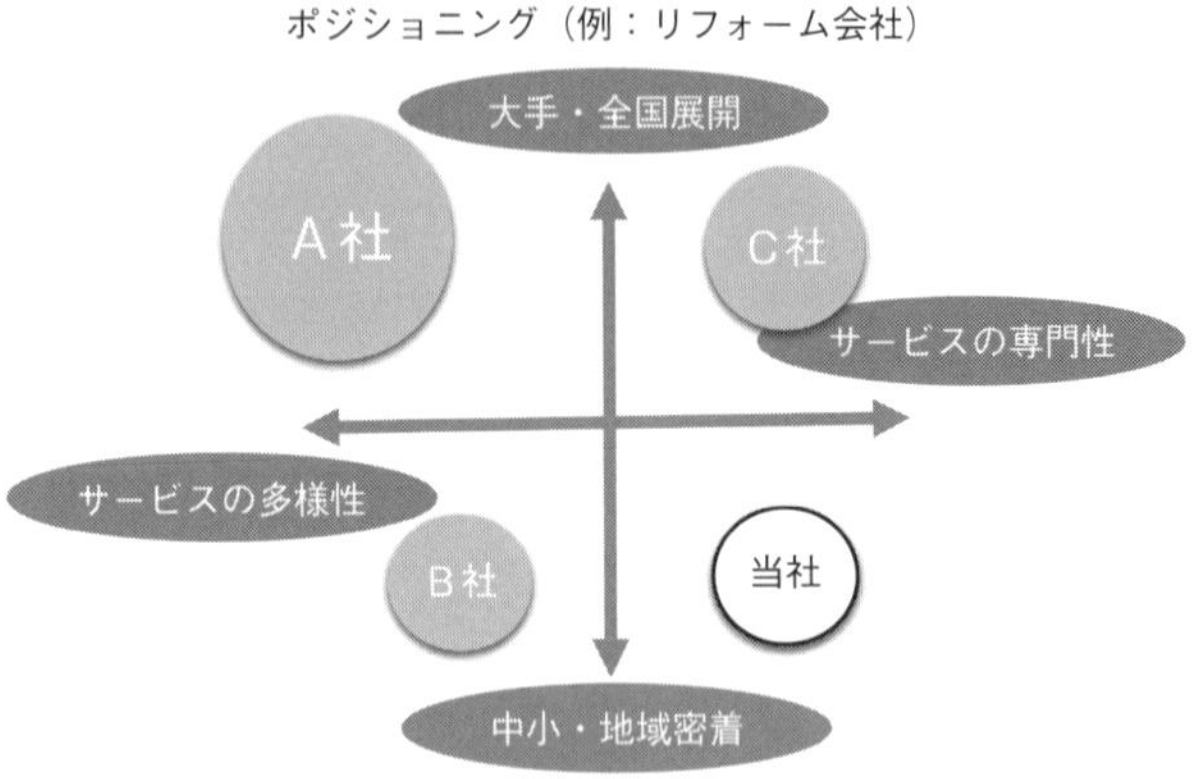

出典：著書作成

の分析を踏まえて、「誰に」「何を」「どのように」提供するビジネスとするのか、という「事業コンセプト」を検討します。図表2－1－10のように、それぞれの項目について具体的に考え、全体の整合性が取れるように計画します。

経営学に「差別化戦略」という考え方があるように、既に「競合」となる商品やサービスがある市場で新たに創業する企業の新商品・新サービスが選ばれるためには、事業コンセプトを立てる段階で既存の商品・サービスとの「差別化ポイント」、つまり「お客様」にとってのメリットが明確になっている必要があります。特に創業から間もない段階は、まだ「自社」の企業体力が弱い場合が多いため、「競合」から仕掛けられる値下げ競争に

図表2-1-10　事業コンセプト

		例
誰　に		ターゲットとなる顧客
何　を		商品やサービス
どのように	調達	どこから仕入れるのか、誰が・どのように加工や製造をするのか
	価格	原価や仕入れ値、人件費や家賃や水道光熱費などに対して、どれだけ利益を乗せて設定するか
	販売	実店舗の場合は立地やレイアウトや販売員等を検討、通販やネット販売の場合は宣伝方法や EC サイトなどを検討
	宣伝	チラシ、フリーペーパー、ホームページ、SNS 等のいずれか、またはその組み合わせを検討

出典：著書作成

陥らずに済むように、「差別化」によって勝負できる商品・サービスである必要があります。

③　事業計画書の作成

事業計画書とは、重要な経営資源の一つである「カネ」の計画書です。ここでは、特に重要な3つの計画についてご紹介します。

・資金計画

資金計画とは、創業の日に向けて必要な「設備資金」や「運転資金」がいくらで、その資金をどのように調達するのかを検討するための計画です。

「設備資金」とは、店舗や事務所の保証金、内装・外装・照明・空調・看板、棚・事務用

図表2-1-11　資金計画表

必要な資金		金額（万円）
設備資金	・店舗／事務所の保証金	100
	・内装／外装／照明／空調／看板	80
	・棚／事務用品／車両	50
	・製造機械／厨房機器	30
	・レジ／PC／ソフトウェア	20
	・ホームページ	10
運転資金	・商品／材料の仕入れ	30
	・外注先／業務委託先への支払い	30
	・従業員の人件費／福利厚生費	20
	・家賃／水道光熱費	20
	・宣伝広告費	10
	・通信費／手数料	10
「必要な資金」の合計		410

調達の方法	金額（万円）
自己資金	
・貯金	30
・退職金	20
親族・友人からの借り入れ	
・親	10
・兄弟	10
・友人	10
金融機関からの借り入れ	
・●●政策金融公庫	250
・●●信用金庫	60
その他（補助金など）	
・●●補助金	10
・●●助成金	10
「調達の方法」の合計	410

出典：日本政策金融公庫『創業の手引（2023年）』を参考に筆者作成

品・車両、製品を作るための製造機械、厨房機器、レジ、ＰＣ・ソフトウェア、ホームページなどの調達や作成に必要な資金です。

また「運転資金」は、創業後の一時的な資金不足に対応するための、商品や材料の仕入れ、外注先や業務委託先への支払い、従業員の人件費や福利厚生費、家賃や水道光熱費、宣伝広告費や通信費や手数料などの資金です。

図２－１－11は、資金計画を検討するための計画書の様式と、その記入方法の一例です。図の左側に必要な資金、右側にその調達方法を記載して、左右の合計額を一致させます。

図表2-1-12　収支計画表

（単位：円）

		創業当初	軌道に乗った後 （創業後＿カ月以降）
売上高（1）			
売上原価（2） （仕入高）			
経費	人件費		
	家賃		
	水道光熱費		
	宣伝広告費		
	通信費		
	手数料		
	雑費		
	支払利息		
	経費合計（3）		
利益： （1）－（2）－（3）			

出典：日本政策金融公庫『創業の手引き（2023年）』を参考に筆者作成

・収支計画

収支計画とは、創業後にどれくらい利益が出るのかを検討するための計画です。

利益を計算するためには、売上と原価と経費を把握していることが必要です。

図２－１－12は、収支計画を検討するための計画書の様式とその記入方法の一例です。図の左側に「創業当初」、右側に「軌道に乗った後」の収支の記載欄を設けています。

業種などによっても異なりますが、顧客や取引先は創業してから徐々に拡大させていくものですので、創業当初の売上の計画は控えめに立てておき、そのための運転資金を計画しておくことも重要です。

また、売上を予測する方法は、業種の特性によって異なりますので、その一例をご紹介します。

■サービス業（飲食店、美容業、マッサージ店など）の場合

（算式）　客単価×設備数（座席／椅子／ベッドなど）×回転数

「客単価」は一人当たりのお客様から得られる平均的な収入金額、「設備数」はサービス業の店舗内にある座席などの総数となります。「回転数」は座席などの設備数に対して新しいお客様に入れ替わる平均的なサイクル数のことで、例えば座席数が10席の飲食店のランチの時間帯に15人のお客様が来店したとすると、ランチ時間帯の回転数は「お客様数15人÷座席数10席＝1・5」のように回転数を算出します。

客単価と回転数については、条件（飲食店であれば、ランチとディナー、平日と週末、閑散期と忘年会シーズンのような繁忙期など）別の算出を行って、より現実的な売上予測を行うことが重要です。

【例】レストラン

・座席数：20席

・１日あたりの座席回転数

昼：１・７回転

夜／月～木曜：１・３回転

夜／金・土曜：１・８回転

・客単価：昼　１，０００円／夜　３，５００～４，０００円

・月26日稼働（日曜定休日）

（売上予測：１カ月）

昼　　１，０００円×20席×１・７回転×26日＝88・４万円

夜／月～木曜　３，５００円×20席×１・３回転×18日＝１６３・８万円

夜／金・土曜　４，０００円×20席×１・８回転×８日＝１１５・２万円

合計　３６７・４万円

■製造業

（算式） 単価×設備の生産能力×設備数

【例】 クラフトビール醸造所

・発酵タンク：2基
・1基当たりの生産能力：500リットル
・1回の仕込みにかかる日数：14日
・月間の仕込み回数：2回
・1リットル当たりの売価：1,000円

（売上予測：1カ月）

1,000円×500リットル×2回×2基＝200万円

・**資金繰り計画**

資金繰り計画とは、事業を営む上で必要なキャッシュ（現金）を継続的に確保しておくための計画です。

業種や取引先との契約条件によっても異なりますが、売上が上がってから実際に入金するまでに数カ月がかかることもあり、その場合は支出が先行して手元のキャッシュ（現金）

図表2-1-13　資金繰り表

（単位：千円）

科目／日付		1日	2日	3日	～	29日	30日	31日
繰越金								
収入	取引先Ａ							
	取引先Ｂ							
	取引先Ｃ							
	収入合計（１）							
支出	原材料仕入れ							
	人件費							
	家賃							
	水道光熱費							
	宣伝広告費							
	支払利息							
	借入金返済							
	支出合計（２）							
収支：（１）－（２）								

出典：著書作成

が減っていくことになりますので、キャッシュ（現金）が不足してしまわないような計画をしておくことが重要です。

図は、資金繰り計画を検討するための計画書の様式とその記入方法の一例です。計画は月ごとに立てる場合と、さらに詳細に毎日の計画を立てる必要がある場合もあります。

2 業種別の必要資金

(1) サービス業

① 美容院

・開業費

一例として、図表2-2-1をご参照ください。

・業界およびトレンド

美容院は、2022年度末段階で全国に26万9,889軒(出典:「衛生行政報告例」厚生労働省大臣官房統計情報部令和4年)あり、美容師も52万人いるといわれています。厚生労働省の調査によれば、美容業の施設のうち約75%が個人経営と圧倒的に高く、従業者も1人(個人事業主のみを含む)が約65%、2人が約15%、3人が約10%となっています。近年、美容院に雇われていたアシスタントがスタイリストになり、その後に1~2名で小規模の店舗を構える形で独立するケースが増えています。

「コンビニエンスストアより多い」と言われる過当競争のなか、淘汰も進んでおり、廃

図表2-2-1　開業費の一例：美容院

用　途	金　額
内外装工事費	480万円
機器・什器・備品等	200万円
運転資金	200万円
テナント借用費用	100万円
営業保証金・FC 加盟金	20万円
合計	1,000万円

出典：中小企業基盤整備機構 HP「J-Net21業種別開業ガイド」を参考に筆者作成

業率は1年以内が6割、3年以内が9割で、年間2万軒が入れ変わるともいわれています。厚労省の「生活衛生関係営業経営実態調査」によると、経営上の問題として8割が「客数の減少」を挙げています。1～3名のスタッフで売上1，000～2，000万円規模という店舗が多く、最近ではスタイリストに美容室のスペースを貸し出す、「シェアサロン」や「面貸し」と呼ばれるスタイルが拡大しています。店舗側では空きスペースを活用でき、美容師にとっても開業費を抑えることが可能となっています。

・必要な許認可および手続き

美容院は、美容師免許の保有者が自分を含めたスタッフ中に1名以上いなければ、開業することはできません。美容師免許は国家資格の1つで、厚生労働大臣指定の美容師養成施設で必要課程を修了したうえで、年2回開催されている実技・学科試験に合格することが必要です。融資を受

図表2-2-2　美容院事業者数

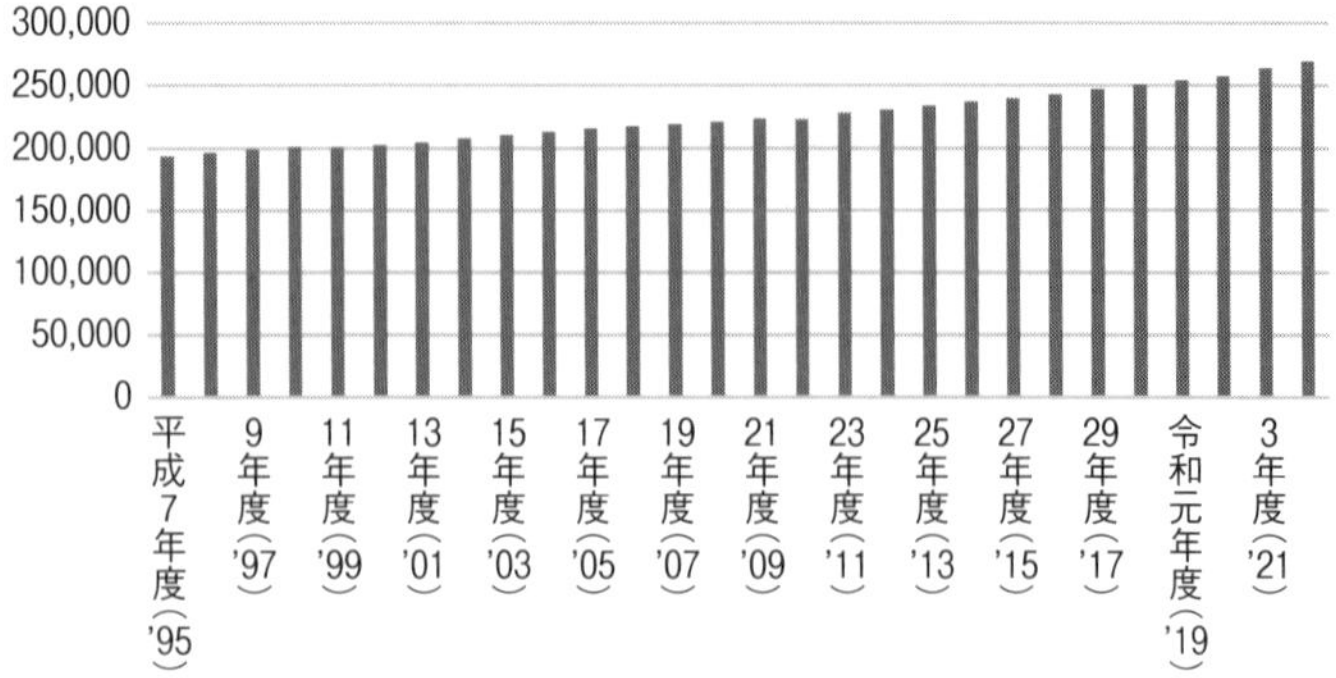

出典：「衛生行政報告例」厚生労働省大臣官房統計情報部　令和4年

ける際にも通常、免許の提示が必要ですが、免許の申請から取得までは1か月程度かかります。

また、美容師が2名以上となる場合、1名以上は管理美容師の免許も必要です。管理美容師免許取得のためには、「美容師免許取得後3年の実務経験があること」と「厚生労働大臣が定めている基準をもとに各都道府県で実施する3日・計18時間の講習受講を終了していること」という2つの条件を満たさなければなりません。取得後には、美容室の衛生管理の責任者として、問題対応にあたることになります。管理美容師は経営者である必要はなく、管理美容師の免許取得者を雇用するという方法もあります。

・収益化の視点

美容院の収益化には、まず顧客満足度の向上による売り上げの増加が不可欠です。質の高い技術とサービスを提供してリピーターを増やすことが何よりも重要です。また、顧客のニーズに応じた適切な価格設定とメニュー展開や、効果的なマーケティング戦略を採用し、地域社会やＳＮＳを活用して集客力を強化することも大切です。客数と客単価を増やし、来店頻度を増加させることが収益化のポイントになります。

そのためには、スタッフの教育とモチベーション向上を図り、サービスの質を一貫して維持・向上することが長期的な成功に繋がります。また業界や世の中のトレンドや技術革新に敏感になって、常に最新の情報を取り入れることも重要です。

② 学習塾

・**開業費**

一例として、図表2‐2‐3をご参照ください。

・**業界およびトレンド**

少子化が進んでいる中にあっても、子供一人にかける教育費は高くなっており、家計の教育関連への資金投下は一定水準を維持しています。学習塾・予備校の市場規模は２０２２年度までは横ばいもしくはプラスで推移していましたが、２０２３年度は減少に転じて

図表2-2-3　開業費の一例：学習塾

用　途	金　額
事務所賃借料	100万円
什器・備品類	100万円
広告宣伝費	150万円
研修・教育費	30万円
その他	20万円
合計	400万円

出典：中小企業基盤整備機構 HP「J-Net21業種別開業ガイド」を参考に筆者作成

います。

得意分野や地域の拡大のために有名進学塾によってＭ＆Ａ、ＦＣ化が進んでおり、学習塾は大都市圏を中心に大手寡占の状況となりつつあります。一方で、郊外や地方都市などでは、学校の授業の「補習塾」といった意味合いの強い個人塾も数多く存在し、独自の存在感をみせています。

授業形式としては業界大手で主流の「集団授業型」、個人塾を中心に展開されている「個別指導型」となっていますが、ｅラーニングシステムを用いて授業動画を提供し塾講師がフォローに回る手法なども多くなっています。特にコロナ禍による三密回避によって動画配信は一般的な手法になっています。また小学校で必修化される「英語教育」、「プログラミング」に対応する必要性も生じています。

・必要な許認可および手続き

法的には学習塾を運営するにあたって資格、手続きは必要としません。ただし、「特定商取引に関する法律（特定商取引法）」により、誇大広告やクーリングオフに関する規定は適用されます。

・収益化の視点

ＴＳＲ中小企業経営指標によれば、売上総利益率は52・8％と高い水準になっています。売上原価の約半分は塾講師への人件費が占めており、販売管理費の大きな支出は経営者への報酬であるという労働集約型のビジネスです。優秀な塾講師の確保と教育プログラムのオリジナル性が差別化のポイントになります。個人塾として開業する場合は、教室施設にも特段の資金投下は必要ではなく、初期投資が抑えられる特徴があるため、採算確保ができれば短期間で投資回収も可能です。

開業当初においては進学実績や口コミもありませんが、開業当初には、損益分岐点を上回る生徒を集めることができるかが鍵であり、既存の学習塾と差別化されたコンセプトや自社の特徴・強みなどをいかに近隣住民に提示できるかにかかっています。

（2）医療・福祉業

・開業費

開業に必要な費用の一例として、およそ200万円から600万円で、主な内訳は物件費、内装・空調などの工事費、ベッドなどの備品の購入費、広告宣伝等の経費などです（図表2－2－6参照）。

①　カイロプラクティック（整体院を含む）

・業界およびトレンド

カイロプラクティックとは、骨格のゆがみ・痛みなどを訴える患者に対して、主に手技を用いて、ゆがみの矯正や痛みを除去するなど、機能障害を改善する治療です。職場環境や生活習慣の変化に伴って、腰痛・肩こり・頭痛などの症状を抱える人たちが多くなってきている中、病院に行くほどの重大さはない、または気軽に改善したいと考える人たちのニーズに応えるかたちで発展してきました。マッサージ等を含めた診療外の保健医療サービス市場全体の傾向（総務省「2022年度　1世帯当たり年間の品目別支出金額（総世帯）」）としては、2015年度と2022年度を比較すると微増傾向（11・6％増）でした。

図表2-2-6　開業費の一例：医療・福祉業

用　途	カイロプラクティック 金額（万円）	鍼灸院 金額（万円）
店舗／事務所の保証金	40-300	120
内装／照明／空調／看板など工事費	20-300	100
ベッド／待合室家具など備品	0-150	20
広告宣伝費など	0-20	50
その他（整体機／消耗品など）	0-120	70
合計	200～580	360

出典：中小企業基盤整備機構 HP「J-Net21業種別開業ガイド」を参考に筆者作成

・必要な許認可および手続き

カイロプラクティックには国家認定資格はありません。業者団体の一般社団法人日本カイロプラクターズ協会（https://jac-chiro.org/aboutchiro/）によれば、海外には公的資格試験や登録義務が存在する国々もある一方で、日本は法的資格制度がなく自主規制基準により登録制度を設置して厚生労働省にカイロプラクターの名簿を提出するに留まっています。

②　鍼灸院

・業界およびトレンド

鍼灸院は、一般に「はり・きゅう」または「しんきゅう」と呼ばれる療法で、生体に刺激を加えることで元々身体に備わっている病気を治す力を高めて元気にする施術・治療を行います。（公益社団法人　日本鍼灸会：https://www.harikyu.or.jp/acupuncture/acupuncture-02/）

「整骨（接骨）・鍼灸院」市場全体の傾向（総務省「２０２２年度　１世帯当たり年間の品目別支出金額（総世帯）」）としては、２０１５年度と２０２２年度を比較すると増加傾向（35・1％増）でした。

・必要な許認可および手続き

医師以外の者が鍼（はり）を行うためには「はり師」、灸（きゅう）を行うには「きゅう師」の国家資格が必要です。資格を取得するためには、養成施設における所定の課程を修了して、国家試験に合格することが必要です。

開業にあたっては保健所への届け出が必要で、施術所を開設する場合と出張専門で業務を行う場合とで届け出の手続きと提出書類が異なりますので、事前に地域の保健所などの専門機関に問い合わせするなどして進めることが必要です。

(3)　飲食店・宿泊業

①　居酒屋

・開業費

一例として、図表２－２－７をご参照ください。

図表2-2-7　開業費の一例：居酒屋

用　途	金　額
店舗物件取得費	100万円
内外装工事費	600万円
什器・備品	400万円
仕入費用・広告宣伝費等	150万円
合計	1,250万円

出典：中小企業基盤整備機構 HP「J-Net21業種別開業ガイド」を参考に筆者作成

・業界およびトレンド

一般社団法人日本フードサービス協会資料によると、2023年の居酒屋業界の市場規模は約3兆5,734億円であり、居酒屋の売上高は2023年1月から12月合計で前年比132・3％になったものの、2019年対比では62・2％と大きく落ち込んでおり、新型コロナ流行前の水準からは大きく落ち込んだ状態になっています。

居酒屋は以前は男性客の利用金額が圧倒的に多かったのですが、近年では消費額が大きく減少しています。この背景としては、サラリーマン層の可処分所得が不況の長期化によって減少したことや、交際費が減ったこと等があげられます。また、新型コロナによる三密回避のために自宅で安く飲む人たちが増えたことなどが考えられます。居酒屋のチェーン数と店舗数も年々減少傾向にあり、男性客の減少や価格競争で低価格化が進んでいることや新型コロナの流行時に廃業した店舗が数多くあるなど、複数の要因が背景にあると考えられます。居酒屋の収益性に関しても、人手不足による人件費の上昇や原材料費や光熱費の高騰により、現在かなり厳しい状況になっています。

・必要な許認可および手続き

居酒屋の開業に際して必要な主な許可や届出は、図表2－2－8の通りです。

・収益化の視点

店舗の立地や業態、規模などの特性を踏まえて、売上の見通しを立てることや、平日、土曜、日曜で来客予想数を変えるなど、細かく事業計画を作りこむことが重要です。また季節限定のメニューや、他のお店にはないユニークなメニューを用意すると、他店との差別化が図れます。お店の雰囲気作りも重要で、照明やインテリアにこだわり、ゆったりとくつろげる環境を整えて居心地の良い空間を作れば、お客様に長く滞在してもらえます。

ＳＮＳの活用も大切です。Instagram やX（旧 Twitter）でお店の情報や新メニューの写真を発信すれば、認知度が上がり集客に結び付けることができ、特に若い人たちにアピールするのにも効果的です。さらに、特典やサービスを工夫することも効果的です。例えば、ポイントカードを作って、何回か来店するとサービスが受けられるようにすると、

図表2-2-8　居酒屋開業の際の届出等

飲食店の営業許可申請	店舗設備状況や食品衛生責任者の有無などを勘案した営業許可書の交付を受けることが必要。 問合せ先：地域の保健所
食品衛生責任者の資格	店舗に１人、食品を扱う責任者を置くことが必要（調理師、栄養士、製菓衛生師等でも可）。 問合せ先：地域の保健所
深夜酒類提供飲食店開業届出	深夜（０時以降）にアルコールを提供する場合に必要になる。 問合せ先：地域の警察署・保安係

出典：中小企業基盤整備機構 HP「J-Net21業種別開業ガイド」を参考に筆者作成

リピーターの増加が期待できます。また、誕生日特典やグループ割引、イベントの開催も集客を図るために有効です。例えば、特定の曜日にライブ演奏を行う、季節ごとのイベントを企画するなど、特別な体験を提供すれば固定客が増えることが期待できます。最後に、スタッフの接客が非常に重要です。笑顔で丁寧に接客することで、お客様に良い印象を与え、リピーターになってもらえる可能性が高くなります。

図表2-2-9　開業費の一例：カフェ

用　途	金　額
店舗物件取得費	200万円
内外装工事費	500万円
什器・備品	200万円
広告宣伝費等	100万円
合計	1,000万円

出典：中小企業基盤整備機構 HP「J-Net21業種別開業ガイド」を参考に筆者作成

② カフェ

・開業費

一例として、図表2－2－9をご参照ください。

・業界およびトレンド

カフェ利用者は、店内でコーヒーなどの飲み物や軽食を楽しむだけではなく、休憩、会話、読書、仕事、学習などで活用することが可能です。カフェを利用する人は目的に合せて店舗の使い分けをしています。そのため、カフェは利用者のニーズやライフスタイルに合わせて、メニューやサービス方法、提供空間を変えることにより、様々な差別化が可能です。また、コーヒーなどの飲み物の味、飲食、滞在時間など、何を重視するにしても美味しさの追求は不可欠であり、「こだわり」や「オリジナル性」が求められます。

図表2-2-10　カフェ開業の際の届出等

飲食店の営業許可申請	店舗設備の状況や食品衛生責任者の有無などを勘案した営業許可書の交付を受けることが必要。 問合せ先：地域の保健所
食品衛生責任者の資格	店舗に１人、食品を扱う責任者を置くことが必要（調理師、栄養士、製菓衛生師等でも可)。 問合せ先：地域の保健所
菓子製造業の営業許可	手作りスイーツやパンのテイクアウトをする場合に必要になる。 問合せ先：地域の保健所
深夜酒類提供飲食店開業届出	深夜（０時以降）にアルコールを提供する場合に必要になる。 問合せ先：地域の警察署・保安係

出典：中小企業基盤整備機構 HP「J-Net21業種別開業ガイド」を参考に筆者作成

・必要な許認可および手続き

カフェの業態や取扱商品によって、許可や届出が必要になります。主なものは図表２－２－10の通りです。

・収益化の視点

カフェの収益を上げるためには、お店の雰囲気が大事であり、おしゃれでリラックスできる空間を作ることで、お客様が長く居たいと思うような店づくりが重要になります。そのためには、インテリアや音楽、照明などにこだわる必要があります。

次に、メニューの工夫も重要であり、例えば、季節限定のドリンクやデザートを用意すると、その時期に何度も来てくれるリピーターになる可能性があります。ＳＮＳ

を活用することも収益アップに繋がります。InstagramやX（旧Twitter）で新メニューやイベント情報を発信して、お店の存在の認知度を上げることも必要です。

また、常連客を増やすための工夫も必要です。例えば、ポイントカードを作って、一定回数来店すると特典がもらえるようにすれば、リピーターが増えます。

最後に、スタッフのサービスも重要な要素であり、笑顔で接客しお客様に気持ちよく過ごしてもらえれば、固定客化に繋がります。

③ 民泊

・開業費

一例として、図表2－2－11をご参照ください。

・業界およびトレンド

民泊（住宅宿泊事業）とは、住宅（戸建住宅やマンションなどの共同住宅等）の全部または一部を活用して、旅行者等に宿泊サービスを提供する事業です。2018年の住宅宿泊事業法（民泊新法）施行によって本格解禁されました。民泊業者は、旅行業法（簡易宿所）、民泊新法、特区民泊いずれかの規定に従うことになります。

図表2-2-11　開業費の一例：民泊

用　途	金　額
内外装工事費	150万円
什器・備品	50万円
広告宣伝費等	50万円
合計	250万円

出典：中小企業基盤整備機構 HP「J-Net21業種別開業ガイド」を参考に筆者作成

日本が観光地としての注目を浴びている中、訪日外国人観光客数が近年急増しています。この伸びに伴い、外国人の延べ宿泊者数も大きく伸びています。しかし、人気の高い都市部のホテルでは、慢性的に需要が供給を上回っており、繁忙期における宿泊施設の供給は追い付いていないのが実情です。そのため、急増する外国人旅行者や多様化する旅行者の需要の受け皿として、民泊の役割が期待されています。

・必要な許認可および手続き

必要な許認可および手続きとしては、準拠する法律（住宅宿泊事業法、旅館業法、国家戦略特区法）によって3つのタイプがあります。

住宅宿泊事業法に基づいて民泊事業を行う場合は、都道府県知事への届出が必要となります。住宅宿泊事業の届出は、原則として民泊制度運営システムを利用して行います。旅館業法で簡易宿所として民泊事業を行う場合は、都道府県の許可を得る必要があります。許可申請は管轄地域の保健所で行います。必要書類提出による申請後、保健所の施設検査があり、合格すれば民泊事業の営業が許可されます。国家戦略特区法に基づいて民泊事業を行う場合は、都道府県知事の認定を受ける必要があります。自治体の条例等により基準等が異なる場合があるため、手続きの詳細については特区指定地域の自治体に確認する必要があります。

・収益化の視点

民泊の収益化には、適切な物件の選定が必要不可欠です。需要のある地域や観光スポット周辺の物件が好ましく、内装や設備の充実化も差別化のためには重要です。清潔で快適な空間を提供し、利用者の満足度を高めることが、客数と客単価を高めるためのポイントとなります。適正な価格設定と効果的なマーケティングも必須です。各種予約サイトやSNSを活用し、広く宣伝することで集客を図る必要があります。さらに、迅速で丁寧な対応を心がけ、リピーターを増やすことも大切です。そして、法令や税金についても正確に理解し、適切に履行することが事業の持続可能性を保つために欠かせません。

図表2-2-12　開業費の一例：菓子製造業

用　途	金　額
店舗賃借料	300万円
内外装工事費	150万円
什器・備品	300万円
広告宣伝費等	100万円
合計	850万円

出典：中小企業基盤整備機構 HP「J-Net21業種別開業ガイド」を参考に筆者作成

(4) 小売業

① 菓子製造販売業

・開業費

一例として、図表２－２－12をご参照ください。

・業界およびトレンド

菓子は消費用と贈答用に大きく分けられます。消費用は購入者自身が食する菓子であり、贈答用はお歳暮、お中元や手土産が主な用途になります。以前は遠方への贈答需要もあって〝日持ち〟するものが好まれてきました。しかし近年の冷凍技術の向上、輸送体制の整備などにより、従来店頭のみで販売されていた生菓子などの商品も贈ることが可能になりました。このため、贈答用も工夫次第で販売数量を伸ばすことも可能となっています。

また、贈答用の菓子は専門店での販売が大半でしたが、ホテルやレストランが集客やイベントのために用いることもあります。また、コンビニでは一つのコーナーが設けられることがあるなど、有力な商品となっています。近年はカフェやコンビニなどの異業種が、オリジナル商品を開発して参入してくる事例も増えており、事業者間の競争は厳しさを増しています。

・必要な許認可および手続き

腐食しやすい生菓子を扱うこともあることから、食品衛生責任者の設置（保健所指定機関による講習の受講やその受講者の雇用）や菓子製造と販売に関する許可（保健所）が必要となります。

喫茶スペースを設ける場合には、飲食店営業許可も必要となる場合があり、事前に保健所に事前に相談しておく必要があります。また、店舗を設置するには法的な制限があり、工事等の終了とともに保健所職員の臨店確認が行われます。

・収益化の視点

大手メーカーのような大量生産を行わなければ、初期投資負担はあるものの、基本的には菓子《かし》職人が手作りする労働集約的な業種であり、設備資金はそれほど必要ではありません。運転資金に関しては、基本的に現金商売であり、売上代金の回収状況はよい状況にあります。また、原材料をはじめ商品は、鮮度が重要であり、在庫を含めた商品の回転期間は短く、運転資金需要はそれほど必要ではありません。ただし、贈答品などの商品を主体に扱う場合は、特に法人向けにおいて受取債権及び商品の回転期間も長期化するため、必要となる運転資金も高くなる点には注意が必要です。

ＳＮＳを始めとした情報発信により、認知度を高め販売数量を増加させることは大前提ですが、特に生菓子は消費期限が短いため作りすぎによる廃棄を極力抑える必要があります。逆に数量が少なくて売り切れが続くと機会損失だけでなく顧客に不信感を与えることになりますので、販売数量の予測精度向上が収益化の大きなポイントになります。

②　総菜店

・開業費

一例として、図表２－２－13をご参照ください。

・業界およびトレンド

総菜店は、女性の社会進出や、高齢化、生活スタイルの変化などを背景に市場が拡大しており、今後も同様に拡大することが予想されます。しかし、弁当店や、コンビニ、スー

図表2-2-13　開業費の一例：総菜店

用　途	金　額
物件取得費	150万円
内外装工事費	250万円
厨房・排水工事	150万円
空調設備	50万円
什器・備品	30万円
広告宣伝費等	100万円
合計	730万円

出典：中小企業基盤整備機構 HP「J-Net21業種別開業ガイド」を参考に筆者作成

パー等の併設、総菜宅配業など競合業者が多く、競争の激しい業界です。初期投資が少なく新規参入が容易であることから、料理が得意な主婦が開業するケースも見られます。最近はデパ地下等集客力のある商業施設へ出店する老舗の料理店や有名店も増えており、限定品や食材の安全性、有名料理人の総菜など「お店の独自性」を強くアピールしている店は消費者の人気も高くなっています。

・必要な許認可および手続き

総菜店の開業にあたっては、営業許可を所轄保健所の食品衛生課に申請する必要があります。また、食品衛生法では、各店に1人、食品衛生責任者を置くことが義務づけられています。食品衛生責任者となるには、調理師、栄養士、製菓衛生師等の資格が必要です。資格者がいない場合、保健所が実施する食品衛生責任者のための講習会を受講すれば、資格を取得できます。一般の開業手続きとして、個人であれば税務署への開業手続き等、法人であれば、必要に応じて、健康保険・厚生年金関連は社会保険事務所、雇用保険関連は公共職業安定所、労災保険関連は労働基準監督署、税金に関連するのは所轄税務署や税務事務所にて手続きを行う必要があります。

・収益化の視点

市場調査を綿密に行い、顧客ターゲットを把握した上で地域密着の経営を心がける必要があります。店舗の構造は、オープン型（引き込み型）とクローズ型（路面接触型）があります。オープン型はゆっくり買い物ができ、衛生的でもありますが、急ぎの客が多い地域ではクローズ型の方が良い場合もあり、スペースや客層・地域性などを考慮してオープン型とクローズ型どちらが良いかを決める必要があります。総菜が選びやすく美味しそうに見えるように陳列や照明などの工夫も必要です。

総菜店では、衛生管理を徹底し、食中毒は絶対起こしてはなりません。食中毒などで落ちた信用を取り戻すのは容易ではなく、最悪の事態では廃業にいたる場合もあります。

お店の看板商品や定番商品を持つことは必要不可欠ですが、季節性を取り入れて、顧客を飽きさせないことも重要です。１日の時間帯や曜日によって、品揃えやサービスの内容を変更するなど、きめの細かな対応が必要です。食材、調味料、カロリーなどの明示や、話題の商品や自店のこだわりなどに関する情報をInstagramやX（旧Twitter）などのSNSを活用して拡散すれば、認知度を上げることができて収益アップに繋がります。

総菜は消費期限が短いため、作った日に売り切ることが収益化のポイントになります。作り過ぎによる廃業や売り切れによる機会損失をなくすため、商品別の売上予測の精度を向上させる必要があります。

（5）建設業

・開業費

開業に必要な費用の一例として、およそ700万円から1,200万円で、主な内訳は物件費、内装・空調などの工事費、備品や資産の購入費、広告宣伝等の経費などです（図表2－2－14参照）。

①　電気工事

・業界およびトレンド

電気設備は人々の日常生活において必要不可欠な存在であり、新規建設に伴うものだけ

図表2-2-14　開業費の一例：建設業

用　途	電気工事 金額（万円）	造園工事 金額（万円）
事務所／倉庫などの保証金	330	30
内装／照明／空調／看板など工事費	300	0
機材／工具／備品費	250	200
車両／運搬具	200	500
広告宣伝費など	30	10
その他（研修／諸費用など）	50	20
合計	1,160	760

出典：中小企業基盤整備機構 HP「J-Net21業種別開業ガイド」を参考に筆者作成

でなく、改修・補修を含めて電気工事の需要は常に存在します。またＩＴ業界の発展によるエネルギー需要の増加も電気工事の増加につながっています。これらの要因を反映して、電気工事者数は約６万社（出所：国土交通省「建設業許可事業者数の調査の結果について（平成31年３月）」）とリーマンショックから増加傾向にあり、今後も需要は高いものと予想されます。

・必要な許認可および手続き

住宅、工場、ビル等の電気設備について、工事段階で不完全な施工をすると、感電、火災との事故を発生する危険があります。こうした電気工事の欠陥による災害を防止することを目的として、電気工事士の資格が定められており、第一種電気工事士と第二種電気工事士の資格によって行える工事の範囲が異なります。

開業にあたっては、国や都道府県への電気工事業の登録や建設業許可が必要となりますので、役所の担当窓口や専門機関に問合せするなどして事前に対応を進めることが重要です。

② 造園工事

・業界およびトレンド

造園工事業とは、建設業法において「整地、樹木の植栽、景石の据え付け等により庭園、公園、緑地等の苑地を築造し、道路、建築物の屋上等を緑化し、または植生を復元する工事」と定義されています。「植木・庭の手入れ」市場全体の傾向（総務省「2022年度1世帯当たり年間の品目別支出金額（総世帯）」）としては、2021年度と2022年度を比較すると微減傾向（1・5％減少）でした。

・必要な許認可および手続き

個人宅で植木の剪定を行うような小規模な作業では許認可は必要がないことが通常です。一方で、請負金額が500万円以上になるような造園工事を行う場合には国や都道府

図表2-2-22　開業費の一例：不動産業

用　途	金額（万円）
事務所／駐車場の保証金	300
内装／照明／空調／看板など工事費	300
机・椅子／書棚など備品	100
車両	200
広告宣伝費など	50
業界団体入会金・年会費／研修費など	180
合計	1,130

出典：中小企業基盤整備機構 HP「J-Net21業種別開業ガイド」を参考に筆者作成

県の建設業許可が必要となりますので、役所の担当窓口や専門機関に問合せするなどして事前に対応を進めることが重要です。

(6) 不動産業

・**開業費**

開業に必要な費用の一例として、およそ1,100万円で、主な内訳は物件費、内装・空調などの工事費、備品や資産の購入費、広告宣伝等の経費などです。

・**業界およびトレンド**

不動産業には大きく分けて、①開発・分譲、②流通、③賃貸、④管理、⑤投資・運用の業態があり、相互に関わりをもって運営しています。不動産業の法人数は年々増加しており、2022年度には約378千社（378,460社）と2017年度（328,553

社）と比較して15・1％増でした。（公益財団法人　不動産流通推進センター　https://www.retpc.jp/wp-content/uploads/toukei/202403/202403_1gaikyo.pdf）

・必要な許認可および手続き

不動産業を行うには、宅地建物取引業免許の取得が必要な要件となっており、開業する事務所が1つの都道府県内に限定されている場合は都道府県知事免許、2つ以上の都道府県にわたる場合は国土交通省大臣免許が必要となります。

また不動産取引を行う際の重要事項説明を行うためには、宅地建物取引業者では1事務所において、5人につき1名以上の割合で専任の宅地建物取引士の設置が義務付けられています。

3 資金調達の手段

（1）自己資金

自己資金とは、経営者本人の貯蓄など自分で所有している自由に動かすことができるお金のことです。自己資金は、開業資金に利用するのはもちろんですが、金融機関から融資を受ける際に自己資金の額も審査として判断されます。

どのくらい自己資金を用意すれば良いかが創業の際に問題となりますが、参考として、日本政策金融公庫総合研究所（※）の資料によると「金融機関等からの借入」が平均８２５万円（平均調達額に占める割合は69・１％）で、「自己資金」が平均２６６万円（同22・２％）という調査結果になっています。

※出典：日本政策金融公庫総合研究所（２０２０年11月19日付け）「２０２０年度新規開業実態調査」「～金融機関等からの借入と自己資金が主な資金調達先～」「図－14　資金調達額（平均）」

自己資金は多ければ多い程良いのは当然ですが、自己資金を多くし過ぎて自らの生活に支障が出ては肝心の事業活動に悪影響が出ますので、生活費とのバランスをとることが必要です。

（2）融資

開業時はまとまった資金が必要になり、また事業を継続する上で金融機関から融資を受けるなど取引は欠かせません。銀行、信用金庫、信用組合、日本政策金融公庫など多くの金融機関にて創業者向けの融資制度を揃えています。また、金融機関では融資のみならず創業や経営の相談窓口を設けている機関もあるので活用しましょう。

金融機関から融資を受ける際、自己資金は必要総額の3割程度用意するといいと言われています。金融機関により金額が異なるが自己資金を融資の審査判断項目のひとつとなることがあります。ただし、自己資金を3割用意したからといって、融資を必ず受けられるわけではなく、今までの経験、現状、事業計画など多面的に判断されます。

融資を受ける場合に制度融資を検討しましょう。制度融資とは、地方自治体・金融機関・信用保証協会が連携して提供する融資のことであり、経営者の資金調達をサポートしてくれる制度のことです。長期・低金利で借り入れが行えます。

金融機関の融資と制度融資の双方ともに、融資を受けるためには納得性の高い事業計画を作成することが重要なポイントとなります。当然ですが融資は元金と利子の返済を前提としていますので、融資された金額が確実に返済できる、と融資する側に信用される事業計画を作成する必要があります。

(3) 補助金/助成金

国、都道府県、地方自治体によって、様々な補助金・助成金の施策事業が実施されています。注意が必要なのは、清算は後払い（補助金が手元に入るのは事業実施後）になります。申請の申し込みから採択結果発表まで数カ月期間を要する場合があります。補助金対象の経費の業者への発注や支払などは、採択決定後に実施しないと補助対象外となる場合があります。応募要領を読み条件を確認するだけでなく、特に補助金は採択されないリスクもありますので、最低限の必要資金は準備しておく必要があります。

(4) その他（クラウドファンディングなど）

クラウドファンディングとは、「群衆（クラウド）」と「資金調達（ファンディング）」を組み合わせた造語です。インターネットを通し自分の活動や自分が起案したプロジェクトを発信し、共感した人から広く資金を募る仕組みです。

代表的なサービスでは「Indiegogo」、「Kickstarter」があり、日本でクラウドファンディングが本格的に始まったのは２０１１年で「READYFOR」、「CAMPFIRE」などのサービスが展開され、現在はさらに多くの事業者が存在しています。

クラウドファンディングの形式は、資金や支援者へのリターン（特典）により分類されています。「寄付型」、「購入型」、「融資型」、「株式型」、「ファンド型」や、最近登場した「ふるさと納税型」の形式が存在しています。

クラウドファンディングは、資金調達という面もありますが、テストマーケティングの場として活用することができます。またクラウドファンディングは事業者の活動やプロジェクトが頓挫すると出資者側は資金の回収ができない可能性が高くなりますので、活動やプロジェクトの成功を出資者に納得してもらうことが不可欠です。比較的少額のクラウドファンディングで資金を調達し、活動やプロジェクトの成功実績を重ねていくことで、より大きなクラウドファンディングで多額の資金を調達することも可能になります。

コラム ホームセンターでコスト「1／5」「せんべろ」の事例

ここで紹介する「鶏ちゃん」(仮称)は「せんべろ」と呼ばれる千住にある居酒屋です。

＊「せんべろ」＝千円でべろべろに酔える店です。

特徴は、「アルコールが特に安い」――①ハイボール50円、ビール、サワー等、その他のドリンクはすべて99円、②食べ放題のお通し(300円)、20代中心の顧客は飲酒がメインであり、客単価は約2，000円です。主要顧客は、大学生

【千住店内の様子】

写真：2023年9月筆者撮影

と近くに住む住民です。

この店舗の特徴は、専門業者に頼むと５００万〜１，０００万円かかるという内外装を、ホームセンターで材料を買い店長自らがＤＩＹで作ることにより、約１／５の価格で仕上げたということです。

低コストのポイントは、
（１）居抜き
居酒屋の居抜き物件…改造費が要りません。
（２）ＤＩＹにより内外装を安くおさえた
ホームセンターから安い素材を購入し、テーブルや椅子まで、ＤＩＹで自分たちが作りました。

厨房品も、中古販売店から中古品を購入しました。
（３）店内のメニューやお勧め品目の紹介もＰＣで手作り印刷し、ラミネートしました。逆に手作り感が、お客様に受け入れられています。作ったポスターは、汚れが付きにくく長持ちします。
（４）本部の支給の調理マニュアルや接客マニュアルもシンプル（Ａ４一枚）で、マニュアル自体が低コストです。さらに、アルバイトでもメニューのすべての料理を作るので、ここでも低コストです。

この店舗の特徴は、客層が大学生と地域住民のため、時間や季節（大学生休みが長い）による顧客変動を吸収し、常時お客様でお店が満席になっています。平日は、学生と地域住民、休日は、家族連れと地域住民です。夏休みや冬休みなどの長期休みの学生客の落ち込みを、地域住民がカバーしています。

第3章

低資本による創業の具体的方法

1 初期投資に関する具体的な資金の削減方法

ここでは創業時の様々な投資金額を少なくするための具体的な方法について説明したいと思います。

内容的には貸借対照表に表記される勘定科目で、建物関連と機械設備関連に分けて整理します。

(1) 創業にかかる費用にはどのようなものがあるか

創業時に必要となる費用を抑えるための着眼点を業種別にまとめると図表3－1－1のようになります。

次項ではそれぞれの科目ごとにさらに詳しく説明します。

(2) 項目別に見た低コスト化のポイント

① 建物関連費用

店舗・建物関連の費用を削減するためには、まず、店舗やオフィスを持たない方法を考

図表3-1-1　業種別の具体的開業費用と削減方法

<table>
<tr><th>勘定科目</th><th>飲食業</th><th>小売業</th><th>理美容系
サービス業</th><th>士業・専門
サービス業</th><th>製造業・
加工業</th><th>建設・設備
土木</th><th>農業・
水産業</th></tr>
<tr><td>法人設立費</td><td colspan="7">合同会社を選択・自分で設立作業を行う・安価なネットサービスを利用する、創業塾受講・支援策活用</td></tr>
<tr><td>創業費</td><td colspan="7">印鑑・名刺などネットサービスを利用する、名刺・リーフレットを自作する</td></tr>
<tr><td>広告宣伝費</td><td colspan="7">web サイトを自作する。無料で使える Facebook／Instagram／Line／X などを使い倒す。パブリシティ、異業種交流会／経営者クラブ／創業塾などの人脈活用、過去の人脈の掘起し、家族／知人のネットワーク</td></tr>
<tr><td rowspan="2">店舗・建物</td><td colspan="7">自宅での開業、ネット販売、訪問型サービス、鏡貸し・シェアオフィス、無店舗型事業形態、</td></tr>
<tr><td>移動販売・キッチンカー・訪問サービス、バーチャルレストラン・居抜き店舗</td><td>移動販売、トランクルーム活用、居ぬき店舗活用</td><td>セルフサービス型、複合サービスでの相乗り、コンテナ店舗</td><td>移動オフィス、創業支援施設活用、シェアオフィス、秘書代行サービス</td><td>M＆A活用、中古、レンタル、助成金活用、ファブレス</td><td>M＆A活用、中古、レンタル、助成金活用</td><td>無償譲渡・M＆A、中古、助成金活用</td></tr>
<tr><td rowspan="2">内装工事</td><td colspan="7">自分でできるところは自分で作業する。基本コンセプトを明確に・具体的に施工業者に指示する。</td></tr>
<tr><td>設計変更をしない。仕様書は相当品指定、追加工事をしない</td><td>シンプルな設計、ディスプレイの活用</td><td>設計変更をしない。仕様書は相当品指定、追加工事をしない</td><td>作り付け家具の活用</td><td>余裕のある基本設計、電力、空調、構造設計など余裕を持つ</td><td>コンテナオフィスの活用</td><td></td></tr>
<tr><td>機械・装置</td><td>中古品、過剰投資をしない、レンタル利用</td><td>中古品、過剰投資をしない、レンタル利用</td><td>中古品、過剰投資をしない、レンタル利用</td><td>軽装備、無料で利用できるサービス</td><td>M＆A、中古、レンタル</td><td>M＆A、中古、レンタル</td><td>無償譲渡、貸与、M＆A、助成金の活用</td></tr>
<tr><td>工具・備品</td><td colspan="7">居抜きの活用、計画的仕入・購入（リスト作成）、所有品活用、ストック場所の事前計画</td></tr>
</table>

出典：筆者作成

えます。次いで、安価に店舗やオフィスを利用する方法を考えます。新規に店舗やオフィスを設置する場合には、工事期間が短く、「から家賃」が発生しない方法を考えます。

候補物件は必ず複数ピックアップし、比較評価して決めます。特に、飲食業や小売業で店舗を開設する場合は立地調査、競合店調査、売上計画を自分自身で立て、そのうえで物件を評価することが重要です。

また、店舗を開設する際に必要となる基本的な要件、例えば電気容量、排気量、換気容量、床面荷重、排気ダクトの構造、厨房設備上の要件などはあらかじめ明確にしておくことが大切で、内装工事費や設備費用を安く上げるための必要条件となります。

当然ですが、家賃の発生時期、フリーレント期間、契約解除時の現状復帰要件、1次工事、2次工事、3次工事の取り合いなどや、防災設備負担、共益費負担なども確認しておくことが必要であることは言うまでもありません。

② 内装工事費

内装工事は、店舗関連では一番追加費用の発生しやすい項目です。追加費用が発生する最大の原因は、「手直し工事」「追加工事」「設計修正」などの発生です。要するに、当初見積もり以外のことが発生すると追加費用となります。

これを避けるためには、店舗の完成イメージをできる限り具体的に、できれば写真付きで、設計者、施工者に伝え、そのうえで設計と見積もりを依頼することです。

さらに、思い付きで工事の変更を依頼しないこと。例えば、「椅子にバック置き場を付ける」とか、「テーブルの奥行きを10センチ広くする」とか、「排気ダクトカバーを10センチ移動させる」とかでも追加工事費が発生する可能性があります。

また、あらかじめ店舗の正しい図面、空調関係の図面、配電関係の図面などの情報も正しく伝えておくことが必要です。実際の工事に入ってから配管の太さが違う、配電盤の仕様が違う、排気ダクトの配置が違う、などで工事手順が変わったり、必要資材が変わると追加費用の要因となります。内装工事に関して、「できることは自分でやる」ことをお勧めしていますが、これも必ず、見積もり段階で施工業者と打ち合わせをしてから行ってください。

③　機械・設備関連費用

機械設備に関しては、中古品の利用や、M＆Aによる取得、リースの活用などをあげていますが、中古品の場合、サイズ規格が不揃いですと搬入工事や設置工事で追加工事費が発生したり、予定の場所に収まらなかったりということがありますから、正確な製品サイズ、電気容量、設置時の床面荷重などを店舗の計画段階からはっきりさせておく必要があります。「電気容量が予定よりも大きく受電設備の増設が必要」とか、ダクトの排気口の設置場所が高層階となり、ダクト工事、途中の吸気装置の設置などの費用が嵩んだり、防火設備が追加で必要になるケースも業種によっては発生しますから注意が必要です。

④ 工具・備品

備品を内装工事と同時に設置する場合、例えば「スポット照明を設置する」とか、「椅子・テーブルを内装業者で製作する」などの場合、設備を「製品番号指定」で内装指示を出すとそのまま大手メーカー品を使用し、費用が高額になるケースがあります。例えば、テーブルの天板は○○社の○○番、足は●■社の○○番、というような指定です。これを、○○社製相当品とするだけで価格が圧縮できるケースがあります。

⑤ Iターン、Uターンでの創業（農業・水産業）

最近では、地方への定住促進支援などを利用して大都市から地方への移住、創業する事例が増加しています。こうした事例では、土地勘のない地域での創業で、支援策を十分活用できないケースが少なくありません。M&Aによる創業や営農創業、6次産業型の創業に相当する場合には、創業補助金、６次産業化支援、観光振興支援など様々な支援策が活用できるケースもありますから、事前に創業予定地域の商工会議所、商工会、支援機関などに相談されることをお勧めします。

(3) 開業資金の抑制方法

開業資金を極力抑えるためには、一般的に次の方策が考えられます。

①ビジネスプラン策定
②自己資金の充実化
③ビジネスモデルの再検討
④オフィスや工場の最小化
⑤アウトソーシングとフリーランサーの活用
⑥中古設備や中古機器の活用
⑦在庫極小化
⑧マーケティング及び宣伝の効率化
⑨フリーツールの活用

この９つの方法を有効に組み合わせることで開業資金を抑えることは可能です。特に

①、⑥、⑨は直ぐに着手可能な方策ですから、起業の初期段階から取り組む必要があります。

(4) 業種別に見た低コスト化のポイント

次に、図表3－1－1であげた業種の中から、5つの業種について創業費用削減のポイントを見て行きます。前項と重複する部分もありますが、視点を少し変えて業種別の特徴を更に具体的に説明したいと思います。

① 飲食業・小売業の場合

商業での起業については、どのようなビジネスを行うかによって必要となる資金が全く異なります。一般的に店舗で営業を行うことを前提とした場合、飲食店、美容院等は店舗賃借に伴う費用や備品、家賃と原材料等の費用が必要となります。店舗営業の場合には、店舗の広さと場所にもよりますが、従業員の雇用がなくても、数百万円程度の資金を用意する必要があります。

ＥＣサイト等の商品販売を主として行うビジネスについては、在庫を保有して販売するビジネスか、在庫を保有せずに販売するビジネスかによって必要資金が大きく異なります。在庫を保有して販売する場合には、商品仕入費用、保管費用、運送代等の費用が必要で、数百万円から1，000万円の資金を用意する必要があります。低資本で新規起業するためには、できる限り在庫を保有せずに販売するビジネスを行う必要があります。

飲食店の中で近年増加しているのがキッチンカーやキッチンコンテナで営業するビジネスです。コロナ禍による三密回避のため、多くの飲食店が休業を余儀なくされた中で、比較的低資本で起業できることと、三密にならないことから新規参入者が増加しました。キッチンカーによる低資本での新規起業については、キッチンカーや必要な備品の調達費用をどこまで下げられるかが重要となります。備品については中古品やリース品を活用して出費を削減することが可能ですが、キッチンカー自体の調達金額を下げるには、安価な中古車の調達とキッチンカーへの改造費用を抑えることが必要となります。

中古車をキッチンカーに改造する場合、専門業者に依頼すれば保健所の営業許可が取得出来る基準で改造してもらえますが、個人で改造する場合には保健所の営業許可を取得出来る基準で改造しなければならず、相当な時間と労力を要します。また、個人で改造したキッチンカーに保健所の営業許可が下りるかわからないため、場合によっては改造のやり直しやキッチンカー自体が使えなくなる可能性もあります。キッチンカーでの開業には改造業者の選択も重要な要素となります。

また、コンテナを店舗として活用するケースでは、店舗物件を立てるよりも短期間に店舗の設置が可能であり、低コストでの開業ができる点がメリットとなります。

飲食業による創業では、厨房設備を中古品で賄うことで投資を抑える手法はよくとられる方法です。ただし、厨房設備の残存保証期間の確認、使用年数の確認は必要です。また、オーブンやパン焼き窯などの加熱調理機器では中古品の場合、窯の中の温度分布に偏りが生じていて実際の使用に困難をきたす場合もありますのでよく確認する必要があります。

また、店舗設備工事に関しての事前確認も重要です。排熱、排煙ダクトの設備基準や設置経路について店舗の貸主地と事前合意していないと「後になってダクトに消臭機能や防炎機能を求められる」とか「ダクトの排気口を屋上に設置するように求められる」などで追加工事が必要になるケースもあります。

② 士業・専門サービス業の場合

士業及び専門サービス業（コンサルタントなど）は、開業資金を余り必要としない業種です。自宅を事務所にすれば、開業資金として必要なものはパソコン、プリンター、インターネットを始めとした事務機器関連と備品程度であり、開業資金自体は数10万円から100万円程度で済むと考えられます。開業後のセールスプロモーションコストも創業費用に含めるならば、ホームページの開設費用やサービスを紹介したリーフレットの作成、名刺の作成なども必要になります。

こうした専門サービス業では多くの場合、開業後にクライアントを開拓するということになります。その場合問題となるのは当面の生活費であり、開業当初は必要な売上を確保できないことも予想されるため、最低半年間、出来れば1年分の生活費と活動費用を用意しておく必要があります。士業やコンサルタントはその業務内容毎に個別の特性があり、一概にいくらの開業費用が必要か明確にはできませんが、自宅で開業し、家賃負担がない場合であれば200万円から300万円程度、家賃の負担がある場合には、500万円程度の資金は用意しておくべきです。

士業及びコンサルタントは、開業資金が少なくて済むだけに新規参入も多い業種ですが、特に士業に関してはAIを始めとするIT化の影響を受けやすい業種でもあります。従来はそれぞれの「業法」による規制に守られていた申請業務や手続業務も、AI化の進展によって個人でも十分にできる時代になると想定されることから、市場縮小に伴う競争激化は避けられない状況です。士業及びコンサルタントで開業する場合には、運転資金と生活費を手厚く準備しておくことが今後ますます重要になると考えられます。

③　製造業・加工業の場合

製造業は製造品目にもよりますが、生産設備、原料、燃料代、人件費等最も費用が必要となる業種です。製造品目が軽工業品でない限り、最低限の広さの工場や設備が必要となるため、新規起業の際には1，000万円から数千万円の資金が必要となると考えられます。

製造業で新規起業を行うのであれば、比較的資金が少なくて済む手芸品等の軽工業品での低資本起業が現実的です。軽工業品で個人が生産して販売する場合でも、材料代や広告宣伝費等で100万円程度の資金が必要となる可能性があります。

いずれにしても製造業での新規起業は低資本では相当に困難であり、十分な資金的余力を持っていないと経営が安定しない業種と言えます。こうした点を考えると、「ものづくり」の分野での創業を考えるのであれば、生産設備をすでに保有している事業者をM＆Aなどによって「事業承継」するかたちでスタートすることが有力な方法になると考えられます。この場合であれば、技能習得や取引先の引継ぎなどに関しても有利に創業できる可能性が高くなります。

④ 農業・水産業の場合（まとめて農業とします）

農業で新規に起業する場合の必要資金は、農地を既に所有しているか、新規で農地を購入するのか、購入はせずに農地を賃借するかによって大きく異なります。また、都市近郊での工場型の農業（特定の野菜や菌類の製造業）的な事業では栽培用の建物や施設、生産設備の投資が不可欠になります。農地を既に所有しており、新規購入や賃借の必要がない、最も起業において資金が少なくなる場合であっても、必要な農業機材の準備にかなり多額の資金が必要となります。農業の新規起業で必要となる資金は、農機具の購入費用またはリース費用、種子や種苗、化学肥料、農薬等の費用となります。農地の作付面積や栽培する農産物にもよりますが、これらの費用だけでも５００万円程度の資金が必要となる可能性があります。また、農作物は種蒔きから収穫まで半年程度の時間が必要となるため、その期間は資金の流出が続き収入がないことになります。農業で新規起業する場合は、半年から1年間の生活費と運転資金も開業資金以外にも必要となるため、１，０００万円以上の資金が必要と考えられます。

ビニール栽培を行う場合は建物の建設費用、スプリンクラーの設置費用や水道代、建物内の温度を一定に保つための燃料代等が必要となり、数千万円単位の資金を用意しなければならない可能性があります。

また、農作物が風水害による被害を受けた場合は、収穫量が激減する可能性もあるため、その風水害対策のための保険金も用意する必要があります。

農業は個人による低資本での新規起業は相当困難な業種と考えられ、農業での新規起業であれば一人で起業するのではなく、複数の起業者と農業法人等を設立して共同で起業することが現実的であると考えられます。そして農産物の出荷だけでなく、6次産業化（生産に加えて加工・流通・販売活動まで行う取組）を視野に入れてビジネスを展開していくことも重要になります。

水産業でも同様で、事業開始のためには船舶の所有や養殖施設の準備などの設備投資が必要になります。また、養殖事業の場合は、事業開始から実際に収益の発生までに数年を要することは少なくありませんし、漁期以外の収入の確保も検討が必要になります。天候の関係や気候の変動で漁獲高自体が大きく変動する場合もあります。こうした点から漁業の場合も農業と同様に、6次産業化的な視点を持ったビジネス展開とM&Aの活用による設備と漁業権の一括取得などが重要になります。

2 運営に関する具体的な資金の削減方法

創業にあたっては、設備投資など初期投資としてかかる費用の他にも創業後の事業運営にかかる費用が多くあります。限られた手元の資金を有効に活用し、創業期の資金の枯渇を防ぐためにも、運営コストを抑えることは重要です。この項目では外注費・人件費と広告宣伝費について資金の削減方法を説明します。

(1) 外注費・人件費

創業時には事業の立ち上げを進めるために、製品やサービスの開発、マーケティングや営業活動などの販売促進、経理などのバックオフィス業務など、様々な業務が発生します。最初は創業者自身で対応するケースも多くあると思いますが、事業の拡大を進めるうえでは、スキルを持つ従業員の採用も必要となり、それに伴い人件費がかさみます。人件費を削減する方法としては、フリーランスやアウトソーシングサービスの活用が考えられます。直接雇用する際に発生する給与や福利厚生などの固定費が削減されるため、業務のボリュームに応じて資金を効率的に活用することが可能になります。

① フリーランス

フリーランスは特定の企業や組織には所属せず、自身のスキルや経験、専門知識を活用し、独立して事業を行う個人事業主を指します。プロジェクトや案件などをベースにしたスポットでの契約が一般的であり、必要な時に必要なスキルを持つ人材と契約することができるため、固定の人件費を削減することができます。

活用するメリットとしては、人件費の削減以外にも、専門性を持つ人材を短期間だけ活用できることから、新たな事業の立ち上げ時にも柔軟なリソースの配分が可能になる点や多様な人材の活用によりイノベーションの創出につながる可能性もあります。

具体的な活用に向けては、どのような業務でフリーランスを活用するか、その業務に必要なスキルは何かを明確にする必要があります。フリーランスの採用にあたっては、フリーランスとフリーランスに業務を委託したい企業をマッチングさせるプラットフォーム型のサービスやフリーランスの登録を多く抱えるエージェント型のサービスが活用できます。契約時においては、目的や業務内容、納期、報酬などの契約条件についても整理し、しっかりと合意を取る必要があります。また、契約後の業務の進行状況や品質などは定期的にチェックを行う必要があります。

活用する際の注意点として、フリーランスに委託すると自社にノウハウやナレッジが残

図表3-2-1　フリーランス採用におけるサービスの特徴

項目	マッチングサイト	エージェント
採用方法	登録された多くのフリーランスから自社で選定	エージェントが適切なフリーランスを選定
コスト	エージェント型のサービスよりは手数料が低い傾向	エージェントの手数料がかかる
信頼性	自社で実績やプロフィール等を基に信頼性を判断	エージェントにより実績等から適切な人材を選定

出典：筆者作成

らないため、対象とする業務については十分に注意する必要があります。また、短期での契約がほとんどであり、自社の従業員とは異なり、自社の経営理念や文化に対しての理解があるわけではないため、業務への理解や信頼関係の構築にも時間を要する可能性もあります。過去の受託した実績や評価なども参考として、信頼できるフリーランスの採用を行う必要があります。

②　アウトソーシングサービス

アウトソーシングサービスは、自社の特定の業務や機能を外部のサービス提供事業者に委託するものです。フリーランスの活用と同様に従業員を直接雇用した際にかかる固定費の削減を図ることが可能です。フリーランスとは異なり、単発のプロジェクトなどを対象にするものではなく、継続的に一貫性のある業務や機能を提供するため、長期的な契約になります。

図表3-2-2　主なアウトソーシングサービスの対象業務

対象業務	サービスの例
人事	給与計算、社会保険関連、採用
会計・経理	経費精算、売上・請求、決算関連業務
IT サポート	システムの運用・保守、ユーザーサポート
カスタマーサービス	電話、メール、チャットなどでの問い合わせ対応
営業	電話・メールでの営業、商談対応、アプローチリスト作成
マーケティング	SNS 運用、コンテンツ制作、データ分析、広告運用

出典：筆者作成

人件費の削減以外に活用するメリットとしては、自社のコア業務に専念できる点や非コア業務の効率化が挙げられます。自社の利益を生みだすコア業務以外にも、総務や経理業務など、企業経営をするためには様々な業務が存在します。非コア業務については、アウトソーシングサービスを活用することで、限りある人的なリソースをコア業務に集中させることが可能になります。また、各業務にノウハウを持つ外部の専門事業者に業務を委託することで、自社で業務を持つ場合よりも効率的に業務を行うことができるようになります。

効果的にアウトソーシングサービスを活用するためには、自社の業務を整理し、どの業務を委託するべきかを明確にします。幅広くバックオフィス業務を提供するサービスから、ＩＴ関連、営業など業務に特化したものまで様々あるため、自社の活用目的に合うサービスを検討する必要があります。

図表3-2-3　フリーランスとアウトソーシングの主な違い

項目	フリーランス	アウトソーシング
契約先	個人事業主	サービス提供事業者
業務範囲	プロジェクト単位で業務の一部	継続的に業務・機能の全体
管理	依頼者により管理	サービス提供事業者が管理
品質	個人のスキルに依存する	事業者の実績、契約内容により異なる

出典：筆者作成

注意点としては、自社の情報を提供するため、契約時には情報管理やセキュリティ面での対応を確認し、信頼できる適切な事業者を選択する必要があります。

(2) 広告宣伝費

創業時に新規顧客を獲得し、市場での認知度を向上させるためには、一定の広告宣伝費をかけることも必要です。限られた資金の中で効率的に、広告宣伝を進める方法としてパブリシティの活用があります。

① パブリシティ

パブリシティは自社の製品やサービスの情報や、活動などを様々なメディアを通じて発信する方法です。プレスリリースやイベントの開催などを行うことで、メディアに取り上げてもらい、記事やニュースとして発信されることによって、情報をより広く伝えることができます。広告とは異なり、宣伝費用を支払わず実施する活動であるため、予算が限られる創業時としては、効果的な広告宣伝になる可能性があります。

広告とは異なる点として、自社ではなく、第三者のメディアの視点で情報が発信されるため、客観性のある情報として、信頼性を得られやすいというメリットがあります。また、メディアに取り上げられること自体が、第三者からの評価となるため、企業としての信頼性を高める効果も期待ができます。

活用を進めるためには、創業時の認知度が低い中でも記事として取り上げてもらうために、他社と差別化できるユニークな点や特徴を明確にし、メディアが興味を持つポイントを事前に整理しておく必要があります。また、プレスリリースの送付先として、自社がターゲットとする業界誌、ローカルメディアやオンラインニュースメディアなど様々なメディアをリストアップし、日頃から関係性を築いておくことも効果的です。

注意すべき点として、パブリシティは必ずしもメディアに取り上げられるわけではなく、記事を作成するかはメディア側の判断になります。また、取り上げられた場合でも自社で想定した記事内容になるとは限らず、自社の意図と異なる内容で発信される可能性もあるため、自社でコントロールできる範囲が限られることを認識したうえで活動を進める必要があります。

3 資金調達に関する具体的な資金の削減方法

これまでは創業時に投資する資金や事業運営にかかる資金の削減方法を紹介しましたが、投資する資金の調達方法の観点で、補助金や助成金により、投資に対して自社の負担分を減らす方法や、融資や経営に関する支援事業の活用を紹介します。

（1）補助金・助成金

補助金・助成金は、国や地方公共団体により様々な目的で設定されており、事業者の取り組みを支援するために、一部の資金を給付するものです。補助金においては、利益が出た場合の収益納付の仕組みもありますが、融資とは異なり給付された資金を返還する必要がないため、利子負担もなく、財務面でのメリットがあります。取組内容に対しての要件や、申請する事業者の規模などに応じた要件があるため、自社に合った補助金・助成金を確認する必要があります。なお、補助金は要件を満たして申請した後に審査があるため、必ず補助がでるわけではありません。

補助金・助成金の活用メリットとしては、資金調達の１つの手段としてだけではなく、

図表3-3-1 主な補助金・助成金

※限度額は類型により異なる場合があります。

補助金	主な限度額	概　要
小規模事業者持続化補助金	200万円	持続的な経営に向けた経営計画に基づく、販路開拓等の取組や、地道な販路開拓等と併せて行う業務効率化の取組を支援
IT 導入補助金	350万円	中小企業・小規模事業者等の業務効率化やDX の推進、セキュリティ対策に向けたIT ツール等の導入費用を支援
ものづくり・商業・サービス生産性向上促進補助金	8,000万円	中小企業等が行う、革新的な製品・サービスの開発、生産プロセス等の省力化に必要な設備投資等の取組を支援
事業承継・引継ぎ補助金	800万円	事業承継やM&A を契機とした経営革新等への挑戦や、M&A による経営資源の引継ぎ、廃業・再チャレンジを行おうとする中小企業者等を支援
地方創生起業支援事業	200万円	都道府県が、地域の課題解決に資する社会的事業を新たに起業等する方を対象に、起業等のための伴走支援と事業費への助成を通して、効果的な起業等を促進し、地域課題の解決を通して地方創生を実現

出典：各補助金のホームページをもとに筆者作成

資金を受給することで、事業に必要な設備の投資や新規事業を始める際の必要経費に活用できるため、企業の成長を加速することができます。また、申請にあたり、経営状況を改めて見直し、中長期の事業計画の策定を進めることになるため、企業経営の観点でもメリットがあります。

具体的な進め方としては、自社の課題や、今後実施したい取組に合う補助金を探すことから始める必要があります。独立行政法人中小企業基盤整備機構が運営するJ-Net21では、「支援情報ヘッドライン」(https://j-net21.smrj.go.jp/snavi/)の中で、国・都道府県の支援情報（補助金・助成金、セミナー・イベントなど）がまとめて検索できるため、創業時や創業後の企業経営の中でも活用できます。

注意点としては、補助金は審査があり、準備を進めた場合でも採択されないリスクがあります。また、採択された後には、実際に投資を行い、契約関連書類を全て揃えて申請を行い、対象経費として認められたもののみが支給の対象となります。入金されるまでは、自社で一時的に資金を準備する必要があるため、資金繰りには注意する必要があります。創業時の資金として活用する場合は、採択後の交付申請や実績の報告の審査は自社でコントロールすることができないため、スケジュールには余裕をもって進める必要があります。

主な補助金・助成金としては図表3－3－1のものがあります。

(2) 創業関連の支援制度

返済の必要がある融資についても、創業向けの融資として低金利のものや、返済期間に利息分のみを返済する据置期間などの優遇措置が設定されたものがあります。補助金と異なり返済する必要があるので、投資する資金自体の削減はできませんが、資金調達コストの削減が可能です。返済条件が柔軟に設定されることが多いため、創業時の財務面の安定

図表3-3-2　主な創業支援制度

制　度	主な限度額	概　　要
創業融資（株式会社日本政策金融公庫）	7,200万円	女性、若者、シニアの方や廃業歴等があり創業に再チャレンジする方、中小会計を適用する方など、幅広い方の創業・スタートアップを「新規開業資金」にて支援
制度融資（各自治体）	自治体により異なる	地方自治体、金融機関、信用保証協会の3者が連携して実行する融資制度。各自治体により対象や条件が異なる

出典：各制度のホームページをもとに筆者作成

につながります。

活用するメリットとして、無担保・無保証での融資もあり、創業者の個人保証が不要で資金調達することも可能です。また、創業支援制度として、融資に関する優遇措置の他にも、専門家による創業後の経営サポートや事業計画に関する策定の支援などを含めてパッケージとして提供しているものもあり、総合的な経営支援を受けられるもメリットがあります。

各支援制度には適用対象となる事業者の条件が設定されているものがほとんどです。制度で指定されているセミナーや研修の受講が条件になるものもあるため、事前に確認が必要です。経済産業省のホームページでは、「ベンチャー企業向け支援情報」として、資金繰りや資金調達支援として、支援内容の一覧を掲載しているため、自社の要件に合う制度の確認が可能です。補助金や助成金とは異なり、融資で得た資金は返済義務があるため、事業計画をしっかりと立てる必要があります。

主な支援制度としては図表３－３－２のものがあります。

4 その他の資金の削減方法

その他に創業にあたり資金を削減する方法を紹介します。

(1) 事業承継・スモールM&A

創業する際は、自身で事業を立ち上げる方法以外に、既存事業を第三者承継（Ｍ＆Ａ）として譲り受け、事業を開始する方法があります。Ｍ＆Ａの中でも、小規模な事業や企業を対象としたものをスモールＭ＆Ａと呼び、創業の手段として、個人が後継者のいない小規模な企業を事業承継するケースが増えています。小規模なＭ＆Ａとは言え、多くの資金が必要となりますが、既存事業を承継して運営することにより、事業の立ち上げにかかる時間や様々なコストの削減が期待できます。

具体的なメリットとして、既存事業の顧客基盤や仕入れ先などの社外のネットワークの活用は、創業時の販路開拓の手間や時間を削減することができ、経験の豊富な従業員や事業のノウハウは人材育成の時間やコストを削減できます。また、既存の設備や資産をそのまま活用することで、創業時の新たな設備投資を抑制することができます。既存事業を継続して創業することにより、新規事業の立ち上げに伴うリスクを軽減できる点も期待できます。

スモールM&Aを活用した創業を進めるためには、売手となる事業者を探す必要があります。売手と買手の仲介を行うM&A仲介事業者だけでなく、オンライン上で売手と買手をマッチングするプラットフォームでは、小規模なM&Aを多く扱うものもあり、検討のハードルは下がってきています。公的な支援機関としては、各都道府県に設置されている事業承継・引継ぎ支援センターを活用することができます。センターが運営する後継者人材バンクでは、創業を目指す起業家と後継者不在の企業や個人事業主のマッチングを行っています。

注意点としては、決算書には現れない隠れた債務のリスクや経営者の交代により既存の従業員や顧客、取引先が離反するリスクなど、自身で事業を立ち上げる際には発生しない様々なリスクがあるため、承継する事業の財務状況やビジネスの将来性等の精査をしっかりと行う必要があります。

コラム　初期費用をかけずに安定した運営　「ハンドメイド手芸」の事例

ここで紹介する「川越クラフト」（仮称）は「ハンドメイド」でバッグやマスクなどを製造する作家が手掛ける事業です。

＊「ハンドメイド」＝「手作りのもの」という意味で、手芸品やアクセサリー、陶芸などが主な商材です。

商品特徴は、技術力の高さと「小江戸川越」のモチーフを中心としたデザイン性の高さです。主要顧客は、埼玉県内に在住の40代女性です。

この店舗の特徴は、初期投資をほぼ０円、固定費も極力抑えて、低リスクで事業を開始したということです。

低コストのポイントは、

（1）プライベートで使用していた設備のみで開始

北千住店内の様子

写真：イメージ図

元々、趣味でハンドメイドを行っていたため、既に事業に必要な設備が一通り揃っていました。
(2) 固定費を抑えた運営
主な販売経路は、繁華街に設置しているレンタルボックス2か所で、月6,000円程度で運営できます。その他の販売経路は事業者ネットワークを活かした市内飲食店や初期費用・月額利用料0円のECサイトです。また、自宅開業のため、事務所の費用も0円です。
(3) 在庫が極力発生しない運営
創業当初はクチコミから新規顧客の獲得につなげており、顧客からの要望に従って個別受注生産を行っていました。そのため、在庫を極力抑え、資金繰りを安定させることができました。
(4) リクエストに応える形の商品ラインナップ
レンタルボックスやECサイトは見込生産で在庫が発生しますが、リクエストに応える形で商品ラインナップを増やしているため、必然的にニーズの高い商品ラインナップとなり、在庫過多になる事がない状態です。

販路開拓の特徴は、地域に密着た事業者ネットワークを起点としたクチコミで、無理をせずに販路拡大を行っていることです。要望に応えた商品を提供することで、新たな受注に繋げています。旅行代理店から川越市内の観光企画のノベルティとしての採用や、市内医療機関で使用する看護師用バッグなど、まとまった受注にまで発展しています。固定費を極力抑えた運営で無理をせずに事業を継続できる体制を構築しています。

第4章

事　例

1 キッチンカーによる低コストでの創業 無添加フルーツジュース

（1）会社の概要

社名／屋号	株式会社マイフローレス	従業員数	5人
業種	飲食業	資本金	400万円
創業地域	東京都江東区	売上高	非公開
創業年月	2019年2月	開業資金	約300万円

マイフローレス社は、2019年に東京の江東区で創業し、産地にこだわった無添加のフルーツジュースのテイクアウト事業を営んでいます。当初はキッチンカーでのみ販売をしていましたが、2020年1月には江東区亀戸にテイクアウト専門店「こちる -cochill juice-」をオープンし、現在ではキッチンカーと実店舗の両方で営業しています。食材の多くを農家から直接仕入れ、無添加・砂糖不使用で、素材本来の味を提供しています。

売上の比率は、店舗7割に対して、キッチンカーが3割です。店舗とキッチンカーでは顧客層も異なっています。店舗は単身者からファミリー層、さらには平日を中心に50～60

代の女性層が多く、キッチンカーはファミリー層やご年配の方が多くなっています。

店舗で販売するメニューの数は季節限定メニューを含め10種類以上と多いですが、キッチンカーで提供するメニューは、店舗の人気メニューを中心に数種類に絞って展開しています。また、キッチンカーでは、出店場所によって異なりますが、ジュースだけでなく、ソフトクリームや焼き菓子、総菜パン等の軽食も併せて提供しています。

また、最近は法人からのケータリングの注文が入るようになってきています。特に、ドラマ・映画などの撮影現場へ、無添加でフレッシュな当社のフルーツジュースを差し入れするケースが増えています。

(2)　市場環境

マイフローレス社が２０１９年４月にキッチンカーで事業を開始してから間もなくコロ

図表4-1-1　当社の提供商品（一部）

写真：マイフローレス社提供

ナの影響が広まり、緊急事態宣言やその後の行動制限、ステイホームなど、消費者の行動様式が大きく変化しました。キッチンカーを出店していたイベントの多くも開催が見送られ、またテレワークを実施する企業が増えたことでビジネス街の人通りも少なくなり、キッチンカーの事業は厳しい局面を迎えました。そのような中、当社を救ったのが2020年1月に開店したテイクアウト専門の実店舗でした。コロナ禍において、テイクアウト店は感染リスクの高いイートインの飲食店に代わる外食需要の受け皿となり、かえって売上を伸ばしたのです。この実店舗の出店は、2019年4月にキッチンカーで販売し始めた当社の無添加フルーツジュースの評判が良かったことを受けて2019年の秋頃から計画していたもので、コロナの影響で市場環境が大きく変化することを予見していたものではありませんでした。しかし、この実店舗の出店が結果的に当社の経営を救ってくれたのです。

当社の無添加・砂糖不使用のフルーツジュースの市場規模は、健康志向の高まりを背景に、年々拡大しています。また、砂糖や動物性食品を一切使わない点が外国人旅行者にも好まれています。

コロナの影響が収まってくるのに伴い、ビジネス街の人通りも増え、土日には多くのイベントが開催されるようになりました。もともと、コロナ禍以前はキッチンカーの需要が高まっていたこともあり、現在ではキッチンカー事業を取り巻く環境も好転しています。

（3）創業の経緯

マイフローレス社の役員であり、実質的な経営者でもある山本さん（仮名）は、もともとは別の会社に勤務していましたが、営業の外回りの際によくフルーツジュース店に立ち寄って、おいしいジュースでリフレッシュを図り、気持ちをリセットしていました。そのような経験を通して、しだいに自分以外の多くの人にもこのようなリフレッシュできる体験を提供したいと考えるようになり、フルーツジュースのテイクアウト事業で創業することを決意したのです。

（4）創業時の課題と解決策

創業時の一番大きな課題は、いかに創業資金を抑えて、事業がうまくいかなかった場合のリスクを少なくするかでした。そのため、山本さんはいきなり実店舗を構えるのではなく、まずはキッチンカーで始めてみて、事業がうまくいきそうかどうか様子を見ることにしました。結果的には、キッチンカーでの販売は好調で、フルーツジュースのテイクアウト事業について見通しがたったため、その後、実店舗を出店することにしたのです。

また、同じキッチンカーでの創業でも、どこまでこだわるかによって創業資金は大きく異なってきます。山本さんの場合、創業時はわりきってこだわりを捨て、できる限り準備にかかる費用を安価に抑えるよう工夫しました。新車や大型車両のキッチンカーにこだわってしまうと、どうしても300万円以上の費用がかかってしまいますが、身の丈以上の車両を購入しないことに決め、中古の軽自動車を70～80万円で購入しました。また、車の外装に店舗名を装飾するなどというあまり凝ったことはせず、創業資金を徹底的に抑えました。そのおかげで、キッチンカーの準備（車両購入費、車内の改装費）にかかる資金を約160万円に抑えることができました。新車の大型車をベースに外装まで凝ってしまうと、それだけで700万円ほどかかってしまいます。このようにして、山本さんは創業資金を、その他の備品等の準備（ミキサー・冷蔵庫・棚等の設備、ポスター、営業許可・食

図表4-1-2　当社のキッチンカー

写真：マイフローレス社提供

品衛生責任者の取得等）の約140万円も含め、約300万円に抑えることに成功し、すべてを自己資金で賄うことができたのです。

さらには、開業後の運転資金についても、事業が軌道に乗るまでは極力抑えるよう工夫しました。キッチンカーの場合、店舗を持たないため、固定的な家賃が発生しないのは助かりますが、イベント会場やオフィス近くのスペースをその都度押さえる必要があり、多くのキッチンカーが「Mellow」や「ネオ屋台村」など、キッチンカーに出店場所を紹介する仲介事業者のサービスを利用しています。しかし、その紹介手数料が売上の約20％と高く、家賃（一般的に売上の10％程度）以上に負担が大きくなってしまうケースもあります。そこで、仲介事業者はなるべく使わず、自ら歩いてキッチンカー用のスペースを貸してくれるところを探して回りました。その結果、キッチンカーの売上に対する仲介手数料の割合を1％ほどにまで抑えることができたのです。

このように、キッチンカーによる創業は、はじめから店舗を開設する場合と比べ、開業資金や運転資金を安く押さえられるというメリットがあります。事業内容に自信があったとしても、必ずしもうまくいくとは限りません。テストマーケティングと位置付けて、リスクを抑えた形で創業したい方にとっては、ひとつの選択肢になります。

しかし、キッチンカーにもデメリットはあります。それは、利益が出にくいという点です。山本さんによれば、世の中には多くのキッチンカーがありますが、そのうち事業として本当に成立しているのは2割に過ぎないとのことです。残りの8割は、副業や趣味の領域から抜け出せず、見かけ上は利益が出ていたとしても、家族などが無償で手伝って人件費を抑えたり、実家の駐車場を借りて駐車場代を浮かせたりして、なんとかしのいでいるケースが多いのです。

そのため、キッチンカーの事業が軌道に乗ってきたら、次の展開に進むケースも多くなっています。次の展開には、大きく3つがあります。

①キッチンカーの車両を増やす（薄利多売で利益を増やす）
②店舗も開設して、売上拡大と安定化を図る（キッチンカーは天候等に左右されるため）
③仲介事業に進出する（仲介手数料で利益を増やす）

山本さんの場合は、この②の展開を選んだわけです。つまり、キッチンカーは少ない資金で始められますが、うまくいった場合の次の展開まで見据えたうえで始めた方がよいということになります。

キッチンカーは少ない資金で始められるため、安易な気持ちで創業してしまう人も多いようです。もちろん、副業や趣味としてやる分にはそれでもいいでしょうが、事業として本格的に始めるのであれば、それなりの覚悟をもって始める必要があります。特に創業当初は、あまり欲張らず、余計なこだわりも捨てて、どうやって利益を上げていくかを徹底的に追及する必要があります。また、そのために、他店のやり方を研究したり、同業の仲間に積極的にアドバイスを聞きに行ったりなど、どん欲に勉強していく姿勢も重要になります。

(5) 創業後にうまくいったこと

キッチンカーで創業した山本さんですが、出店場所をある程度固定したことにより、リピート購入をしてくれる固定客が獲得でき、比較的早い段階で事業を軌道に乗せることができました。

山本さんのキッチンカーの主な出店エリアは、東京都・千葉県・神奈川県で、平日は都内オフィス街に、また土日はイベント会場に出店していました。特に、虎ノ門のオフィス街の通勤時間帯に出店したことで、オフィスに向かう通勤客が繰り返し購入してくれました。現在は、実店舗での営業があるため、キッチンカーを出店する回数は減り、イベント会場での出店が多くなっています。

山本さんは、事業を行ううえで、特に固定客を大切にするよう心掛けています。来店した顧客にはポイントカードを発行し、注文したジュースの数に応じてポイントが貯まる仕組みにしています。ポイントが貯まってくると、ゴールド会員やプラチナ会員にランクアップし、様々な特典が受けられるようになっています。また、頻繁に来店してくれる顧客については、その情報を覚えておき、次回来店してくれた時に活かすようにしています。例えば、いつもSuicaで決済する顧客が来店した際には、敢えて支払方法は聞かず、さっとSuica決済ができるようにするのです。そうすることによって、顧客は自分のことを覚えていてくれたと嬉しくなり、また来店したくなるものなのです。

また、山本さん自身がキッチンカーでの事業成功に向けたノウハウ収集を積極的に行ったことも、事業がうまくいった要因になりました。実店舗の運営ノウハウについては、多

図表4-1-3　顧客とコミュニケーションを取る山本さん

写真：マイフローレス社提供

くのノウハウ本も出ており、勉強する気になればある程度自分で学ぶことができますが、キッチンカーの運営ノウハウは、実店舗とは異なる部分が意外に多く、奥が深いのです。キッチンカーについても店舗と同じやり方で何とかなると安易に考えている人が多いのが実態ですが、山本さんはキッチンカーならではのノウハウ収集につとめました。

例えば、来店客から注文を聞いてから商品を提供するまでのスピード感が店舗の場合とはまったく違うのです。クレープ店の場合、実店舗であれば注文してから商品が出てくるまで5分程度は待ってくれますが、キッチンカーの場合はせいぜい2分までと言われています。そのため、キッチンカーの場合は、あらかじめ生地を焼いてストックしておき、注文後にパフォーマンスを兼ねて車内でも焼くようにします。生地を焼くことで香ばしい香りが出ますし、ライブ感が演出できます。このように、短時間で調理して提供するためのオペレーションの工夫が必要になるのです。

このようなノウハウを収集するために、山本さんはキッチンカーを出店するたびに、時間を見つけては他のキッチンカーのオペレーションを横目でずっと盗み見し、どのようなオペレーションでやっているのかを観察するようにしました。時には、顧客が注文してから商品が提供されるまで何分かかるかをタイム計測することもあったくらいです。もちろん、山本さん自ら他のキッチンカーの顧客として並び、そのオペレーションを間近で観察し、実体験することも忘れませんでした。さらには、来店客が少なくなった時間を見計らって、同じ会場に出店している他のキッチンカーの先輩たちにいろいろ質問しに行くことまでしていました。同じ商品を扱う同業者だと難しいかもしれませんが、競合しないキッチンカーの人であれば、いきなり行ってもある程度教えてくれるものなのです。

このような努力によってキッチンカーならではのノウハウを収集した結果、それまで当たり前のようにやっていたオペレーションにもまだまだ改善の余地があることがわかりました。例えば、通常の販売時はフルーツジュースのサイズにSとLを用意し、注文を受ける際にいちいちサイズを確認していましたが、大規模イベント出店時は商品を提供するまでの時間短縮のために、敢えてサイズを1種類にするなどの工夫をしたのです。また、注文を受けながら商品提供の準備を並行して行うなど、オペレーション時間短縮のための工夫も重ねました。このようなオペレーションの改善によって、提供する商品の味以外の点でも顧客の満足度を引き上げたのです。

(6) 創業後の課題

キッチンカーでの創業には課題も残りました。提供する商品がフルーツジュースであるがゆえ、ランチタイムにオフィス街に出店しても、多くの会社員はランチメニューを提供するキッチンカーに流れてしまいます。したがって、ランチタイムは避け、朝の通勤時間帯を狙って出店したのですが、通勤客の多い時間帯は非常に短く、大きな売上を上げるのは難しいということがわかりました。そのため、比較的営業時間が多くとれるイベントにも出店するようにしましたが、週末のたびにイベントがあるわけでもなく、売上規模の限界を感じたそうです。

また、これはテイクアウト専用の実店舗を出店した後にも共通して言えることですが、売上が天候に大きく左右されてしまうという課題もわかりました。イベント会場のキッチンカーの場合はもちろんのことですが、テイクアウト店舗の場合も雨天の日は客足が遠のき、売上が上がらないのです。イートインの店舗であれば、そういう日はお店でゆっくり過ごしたいという顧客もいますが、わざわざ雨の日にフルーツジュースをテイクアウトしに来る顧客は少ないようです。

さらに、当社のフルーツジュースは、素材本来の味を味わっていただけるよう品質のいい食材を仕入れているため、どうしても原価率が高くなり、利益幅が薄くなってしまうことも課題のひとつです。もちろん、その分販売単価を上げればいいのかもしれませんが、店舗が住宅街に位置していることもあり、フルーツジュースにそこまでお金を出せないと考える顧客が多く、なかなか値上げに踏み切れないのです。

(7) 今後の方針

山本さんは、今後の方針として、ネット通販の活用と新店舗の出店を考えています。現在の住宅街にある店舗とテイクアウトだけでは、売上規模に限界があると感じたからです。

ネット通販については、商圏を広げる効果があり、より多くの顧客をターゲットにすることができるようになります。当社のフルーツジュースは、食材の多くを農家から直接仕入れるため味が良く、また添加物・砂糖不使用なため、安全安心で健康にもいいという強みがありながら、これまでは商圏が狭く、そのような価値に高いお金を払おうという顧客の数も限られていました。しかし、ネットを使って商圏を日本全国に広げることで、ある程度高いお金を払ってでもそのような商品を求める顧客の数は格段に多くなるはずです。顧客が増えることで、売上規模が拡大しますし、ある程度高い値付けをしても売れるようになれば、原価率が下がり、利益幅も大きくなることが期待できます。まずは、賞味期限の問題もあることから、ネット通販でも販売しやすい当社の店舗で提供していた焼き芋を冷凍にした商品を、2024年3月から販売し始めました。ゆくゆくは、提供する商品の種類も増やしていく予定です。

また、新たな店舗も出店する計画です。インバウンド客が利用するホテルのラウンジなどからは出店の依頼も受けています。このような店舗には、ある程度販売価格が高くても、高品質なフルーツジュースを購入される顧客が多く訪れるはずで、当店のブランドイメージの向上も期待できます。また、デパ地下にも出店できれば、さらにブランドの認知度は上がることでしょう。

これらの新たな事業展開は、決して平たんな道ではないと思います。しかし、経営者としての覚悟を持ち、どのような困難にも立ち向かっていく山本さんのことです。必ずや課題を解決し、新たな事業も成功に導いてくれると信じています。

2 東京から長野に移住し地元クレープ屋を引き継ぐ（事業承継）

(1) 会社の概要

社名／屋号	ミルズミール	従業員数	1人
業種	専門サービス業	資本金	―
創業地域	長野県大町市	売上高	非公開
創業年月	2021年8月	開業資金	約200万円

ミルズミールは、2021年に長野県大町市で創業しました。地元産の新鮮でこだわりの材料を使ったオリジナルの米粉クレープ、ピザ、コーヒーのテイクアウト専門店です。店舗の立地は、国道沿いに面した路面店で、飲食店は周辺にファミリーレストランやチェーンの牛丼店、スーパーも近くにあります。当店は飲食提供以外のサービスとして大町の情報発信を行い、観光客の誘致や移住者への情報提供を行っています。広い駐車場の一角に設置した、カフェスタンド的な店舗です。

北アルプスの麓で、信濃大町産米粉100%で作ったクレープ生地と自家製カスタードに厳選食材を合わせたクレープを提供しています。スイーツとしてのクレープ以外に米粉クレープのお食事クレープも提供しています。

(2) 市場環境

店舗近隣は、個人店が多い街です。高齢者が多く、また30~40代の若い世帯のファミリー層も多いです。50代以上の世帯もあります。

3,000m級の北アルプスに囲まれている街であり、特産品、おいしい野菜、おいしい果物が採れ、水がとてもおいしいです。

競合となるクレープ店は近隣にはなく、キッチンカーがたまに出店される程度です。競合による脅威はありません。

　創業が２０２１年でコロナ禍でしたが、テイクアウト専門店であり店舗が密集していないため客の来店はありました。

(3) 創業の経緯

　今の店舗は、もともと別のオーナー夫婦が経営していたクレープ店でした。地元ではクリーム大量のクレープとして有名なクレープ店でした。そのクレープ店を店ごと譲り受けました。

　ミルズミールの現オーナーは、２０２１年に東京から長野

図表4-2-1　店舗の様子

写真：Miru's Meal インスタグラム提供

図表4-2-2　当社の提供商品（一部）

写真：Miru's Meal インスタグラム提供

県大町に移住してきました。その折、元クレープ店オーナーが引き継ぎ先を探していたことを知りました。元オーナーは地元の方で仲介人が移住アドバイザーをしており、その関係で引き継ぎ先を探していることを知りました。

移住を決めたのは、以前より自然豊かな町に住みたいと思っていたからです。移住時点では、仕事を探していたというより、移住後にクレープ店の引継ぎ先を探している話を聞いたのがきっかけで、店舗経営をやってみようかなという気持ちになりました。

個人的には勤め人よりも、もともと自分で店を経営する志向だったため、オーナーになるという決心に至りました。

移住アドバイザーに市の補助金を紹介してもらいました。

また、引き継ぐにあたり元オーナーと一緒に1か月程度、店舗運営を一緒に参加させていただき、店舗運営方法、クレープの焼き方、作り方を教えてもらえ、さらに仕入れ先などの取引先も紹介してもらえました。

(4) 創業時の課題と解決策

創業時の課題は、商品開発でした。

元オーナーからの意向で、クレープ店をそのまま引き継ぐのではなく、ノウハウは引き継ぐが、自分たちでオリジナルな商品を作成して欲しいということでした。

店舗開店前に、クレープの焼き方や作り方を教えてもらいましたが、小麦粉のクレープと米粉のクレープの作り方や材料の配合が全く異なるため、結局、商品開発は、一から行うことになりました。

元オーナーのクレープは、業務用のホイップをたっぷり使っていましたが、新商品では、材料にこだわり米粉に合う動物性のおいしい生クリームを使い、自家製のカスタードクリームを使うことで味は大分おいしくなり品質が向上しました。

他の創業時の課題として開業費用の資金調達もありました。元オーナーより紹介を受け「大町市創業支援金」を活用することができました。店舗は、譲り受けた状態でそのまま使用でき、看板のみ変更し、居ぬきで取得できました。器具、冷蔵庫、冷凍庫もそのまま使える状態でした。そのため、店舗の大幅な改装代や大型設備の購入を抑えることができました。

開業費用として、商品開発の費用、看板改装、店舗受取代、宣伝広告費を自己資金（100万円）と補助金（100万円）で補填でき総額200万円程度でした。

(5) 創業後にうまくいったこと

集客および、宣伝広告がスムーズでした。

元オーナー時代からの既存顧客に引き続き来店してもらえ、開店当初から客を得ることができました。店舗立地が国道沿いで目に付く場所ゆえ視認性がよく宣伝効果があります。

宣伝広告は、補助金を利用して作成したチラシをプレオープン、オープン時に配布しました。また、新聞の記者の方とも移住関連でお世話になったことがあり、そのご縁で取材に来てくれ記事に取り上げていただけました。新聞を読む習慣の人が多い地域性があり新聞への記事掲載は宣伝効果が大きいです。

さらに、大町市商工会所や観光協会に加入しており、声をかけていただき、観光案内パンフレットにミルズミールを掲載していただきました。

(6) 創業後の課題

顧客数は開店後から同じくらいで推移しています。売上を伸ばしたいけれども、売上が横ばいで、伸びにくい状況です。

今後の課題として、客単価を増やす、客数を増やそうと模索しています。

新しい客層として、30代ファミリー、50代男女夫婦を増やしたい。さらに、大町市の隣の都市（長野市、松本市）の20～30代の若い世代に対し、大町の観光情報など宣伝範囲を広め、大町に来るきっかけになる店になるといいと思っています。

⑦ 今後の方針

他県の方に対しても、観光スポットの入り口的な役割を担いたいと考えています。

地元の顧客は季節的に秋から冬にかけて来客数が多くいます。冬は客層が変わり県外からのスキーなどの観光客が増えます。冬季は降雪がありますが、国道沿いであり除雪車により除雪されるため店舗前は来店できる環境になっています。

また、店舗を改装し、軽く食べられるスペースを作りました。以前は、店舗の窓口から注文し店舗の外で食べる形式でしたが、店内に小型のカウンターと長椅子、椅子を数客設置し7名程度入店できるカフェスタンドのように改装しました。

改装の狙いとして、クレープのみの購入に加え、飲み物やサブメニューとのセットで食べてもらい客単価アップを期待しています。さらに、カレーなど軽食のメニューも増やしました。

長野県大町市の特性を活かした店舗づくりと商品開発、大町市の情報や移住情報の発信を続け、地域の活性化に貢献したいと思っています。

3 お花の移動販売〜自粛生活に癒しのお花時間をお届け〜

(1) 会社の概要

社名／屋号	リトル・フラワー（仮名）	従業員数	2
業種	小売業	資本金	0
創業地域	東京湾岸地区	売上高	240万円
創業年	2020年3月	開業資金	20万円

リトル・フラワーは2020年に東京の東京湾岸地区で創業し、センスが良い花苗、観葉植物、多肉植物等の「鉢花」をメインに販売しています。

現在は東京湾岸地区を中心に日替わり3ケ所で営業をし、月商30万円に成長しており、将来は月商50万円を目指しています。

（2）市場環境

リトル・フラワーの花き事業の市場規模は、コロナ禍での一時的な減少もありますが、人口減少で縮小気味です（図表4－3－1参照）。しかし、リトル・フラワーが創業した東京湾岸地区では、人口増加しており、あまり人口減少の影響は無く、順調に売上が伸びています。

花卉（かき）の20年度の取引には新型コロナウイルス感染症拡大が大きく影響しました。東京市場での観葉植物の販売量は前年度比で7％増え、5年ぶりに増加に転じました。在宅時間が長くなり、植物を育てる人が増えたためです。しかし、花束などに使う切り花は冠婚葬祭需要縮小で8％減るなど、明暗を分けています。

総務省の家計調査によると、22年の1世帯当たりの切り花支出額は7，992円で、ピーク時（1

図表4-3-1　市場規模の推移（日本花き卸売市場協会調べ）

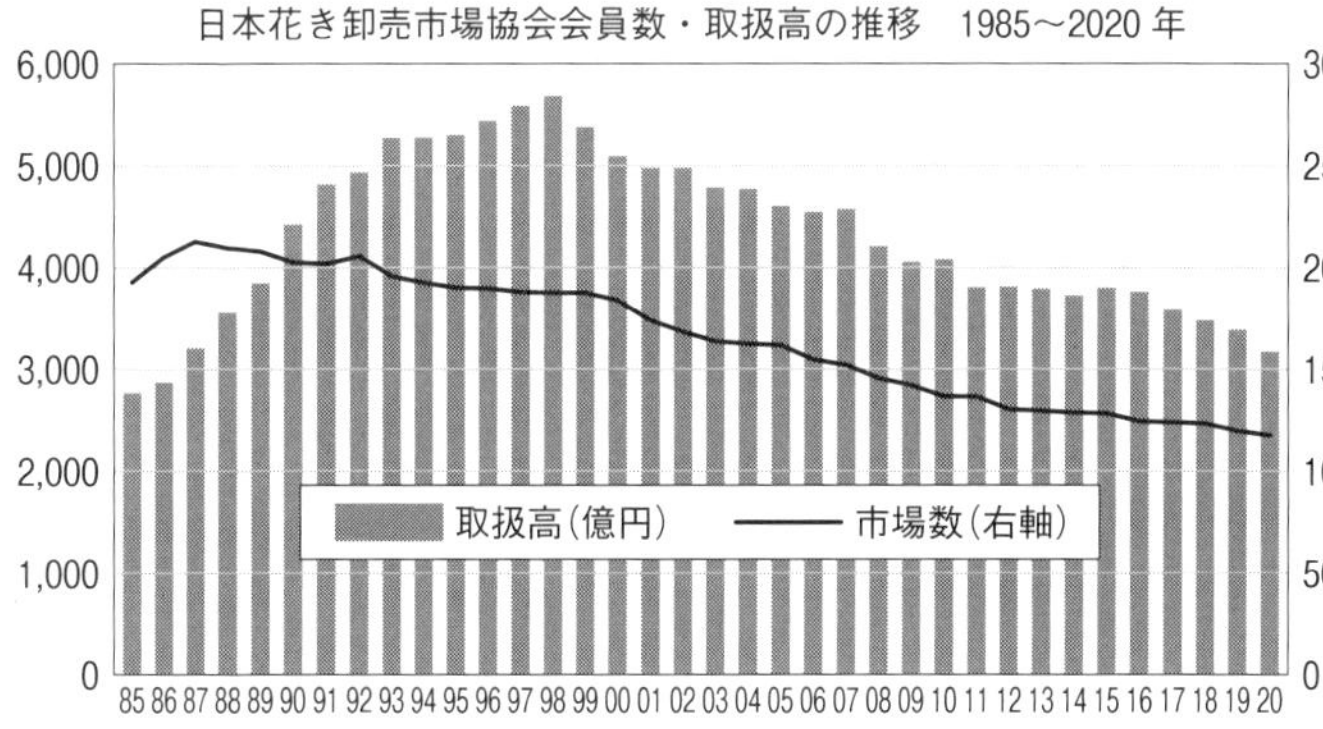

出典：花卉園芸新聞（2021年6月15日号）

997年）の13，130円の約4割減です。嗜好品である切り花は人口減少が加わって需要の落ち込みが続いています。

（3）創業の経緯

コロナを切っ掛けに在宅時間が増え、以前から好きだったガーデニングに西澤氏（仮名、以下省略）は熱中しました。その中で気づいたのが、近くにセンスの良い花苗や鉢ポットなどのガーデニンググッズを販売している店が無いことです。それなら自分で販売しようかと、ママ友2人とともに話していたところ、近くの商店街の広場に出さないかと話がありました。具体的に条件を交渉すると1日の出店費3，000円と格安で話がまとまり、「リトル・フラワー」（仮名、以下省略）を立ち上げました。

2020年3月の立ち上げ時は、地下鉄駅地上にある広場に週1回の出店でした。地下鉄の駅は東京ベイエリア地区にあります。街の皆様への認知度が上がり、お誘いもあって近くの公園やマンションの前などに出店し、営業日数を増やしていきました。

仕入れは、始めは近くの葛西市場の問屋さんから買っていました、現在は、品揃えの多さから大田市場の問屋さん、購入する単位が少量でよい江戸川にある問屋さんへ仕入れを変更しています。

（4）創業時の課題と解決策

この時期は、夫の協力により自家用車で自宅から商品を朝夕に運搬していました。そのため、商品の積み降ろし等に時間が掛り、効率が悪く機動性に欠けていました。肉体的にも大きな負担でした。

区の経営相談窓口での相談をきっかけに、小規模事業者持続化補助金（低感染型）を申請することにしました。2021年6月に採択され、移動販売車を10月に購入。中古車を改造して、費用は180万円、内訳は補助金100万円、自己負担は80万円でした。

移動販売車は、商品の置き場（倉庫、売り場）としても利用できるので作業の効率や機動性が向上しました。そのため、営業日を増やすことができ売上も増加しました。立ち上げ時期の売上は月10～20万円でしたが最近では月30万円まで伸び、現在月50万円を目標にしています。繁盛しているため出店の引き合いも増え、同時に働

図表4-3-2　駅の広場にて

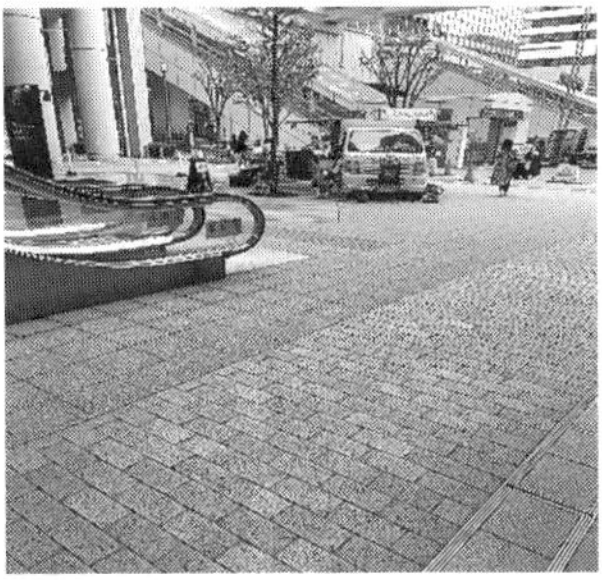

写真：著者撮影

図表4-3-3　移動販売車

写真：著者撮影

きたいママ友も多く集まるようになりました。

(5) 創業後にうまくいったこと

移動販売車にしたことにより、出店の引き合いが商店街、町内会、公園管理者等から引き合いが多くあり、週に4から5日の出店が可能となった。場所も特定の場所を定期的に出店するので固定客もでき売上も安定しています。また、出店場所が200から500mしか離れてないので、いつでも来店することが可能です。このため、安定した売上が確保でき、手伝っていただく主婦にも十分な報酬が払えるようになりました。

場所も直接取引しているので、場所代も安く数千円程度です。マッチング会社経由だと、手数料が15%なので、場所代が低く押さえられ利益に貢献しています。

また、主婦仲間から自分でも店舗(移動販売車)をやりたいと希望する方も多数でています。

(6) 創業後の課題

創業後に判明したことですが、2月、8月にガーデング用の苗等が少なくなり、商売にならないことです。そこで、「寄せ植え」を販売することにしました。同時に区の事業に応募して公民館で「寄せ植え」教室を開催することになりました。これにより、参加費や材料費の収入が売上に貢献しました。

この経験より、今年は自社開催で「寄せ植え」教室を行い、参加費や材料代による売上増加を狙っています。

寄せ植えは、一つの器に複数の植物を植え込むことで、お気に入りの風景をつくるガーデニングの一種です。スペースが限られていても、複数の植物を楽しめる魅力があります。

取り扱っている「寄せ植え」は、土の代わりに「ベラボン」（ヤシの実）を使うもので、衛生的で、再利用が可能な物です。このため、「寄せ植え」をリメイクする需要も発生します。

図表4-3-4　「寄せ植え」

写真：著者撮影

(7) 今後の方針

現在、西澤氏は多店舗展開を考えています。自分で1店舗を経営して、出店場所さえ確保できれば、2店舗目を出店しても利益を出せる自信が出てきています。また、なるべく早く3店舗まで増やし、購買力をつけて仕入れ価格を下げたいと考えています。

多店舗展開は、個人営業ではなく法人として体制を作る必要があるので、経営相談窓口で相談し、次の内容を行うことにしました。

①事業計画の策定(自動車は持ち込み、代理店方法、本部の収益計画、個店の収益計画等)
②代理店契約の作成(多店舗展開用)
③マニュアル化(開店、閉店、運営、仕入れ等)

(8) 今回の低資本のポイント

今回の低資本のポイントをまとめは次の通りです。

①無店舗での開業であったので、初期投資がほとんどかからず、仕入れと展示什器を購入するのに十数万円。
②主婦仲間が手伝っていただいたので、人件費が抑えられた。

最低賃金による支払、交通費は不要。
③仕入れを必要最低限に
週に2回ぐらい仕入れ、在庫を押さえた。
④地元密着の出店戦略による地元の商店街等の好意的な対応（場所、手数料で優遇）
格安な出店料。

4 元美容サロンの店舗を居抜きで借りて、安上がりに創業した整体サロン

（1）事業の概要

屋号	SURARI（仮名）	従業員数	0人
業種	療術業	資本金（元入金）	100万円
創業地域	埼玉県G市	売上高	280万円
創業年	2022年6月	開業資金	200万円

今井智子代表（仮名）は2022年6月に埼玉県のG市で女性専用の整体サロン

SURARI（仮名）を個人事業で創業しました。お客様の心身の悩みの解決にこだわった整体サロンの経営をしています。

サロンの所在地は駅から5分の便利な場所で、近くにコンビニもあるのどかな住宅地です。主にサロンの近隣に住まれる方々を対象にしてサービスを提供しています。

営業日は日曜日と祝日を除く火曜日から土曜日で営業時間は10時から18時です。

完全予約制であり、WEBサイトから予約を受け付けています。

整体機器を用いた脊椎の矯正、マッサージなどのサービスの提供やスペース貸事業などを運営しており、現在は1店舗の経営で、年間280万円の売上(注)です。将来は年間360万円の売上を目指しています。

（注）事業者が実施する本来の事業の売上高を示しております。スペース貸事業にかかる収益は雑収入として計上されております。

図表4-4-1　整体サロン入口

写真：チェーンストア・ビジネス研究会撮影

（２）市場環境

SURARIが創業したのはコロナ禍後の２０２２年６月ですが、整体サロン等の市場規模は、２０２２年以降拡大の傾向がみられます。

リクルートの『ホットペッパービューティーアカデミー』は、全国の人口20万人以上の都市居住者のうち、15～69歳の男女１万３，２００人を対象に「過去１年間におけるリラクゼーション・サロンの利用に関する実態調査」を実施し、その結果を発表しました（本調査では、整体サロンはリラクゼーション業に分類）。

リラクゼーション・サロンの市場規模は、３，６７４億円（前年比９・６％増）です。SURARIは着衣で行う施術ですが、その市場規模は２，５６４億円（前年比６・７％増）となっております。

SURARIが店舗を構えるＧ市は、高速鉄道の開業で都心へのアクセス時間が短縮し、Ｇ市への人口の流

図表4-4-2　リラクゼーション市場規模推移

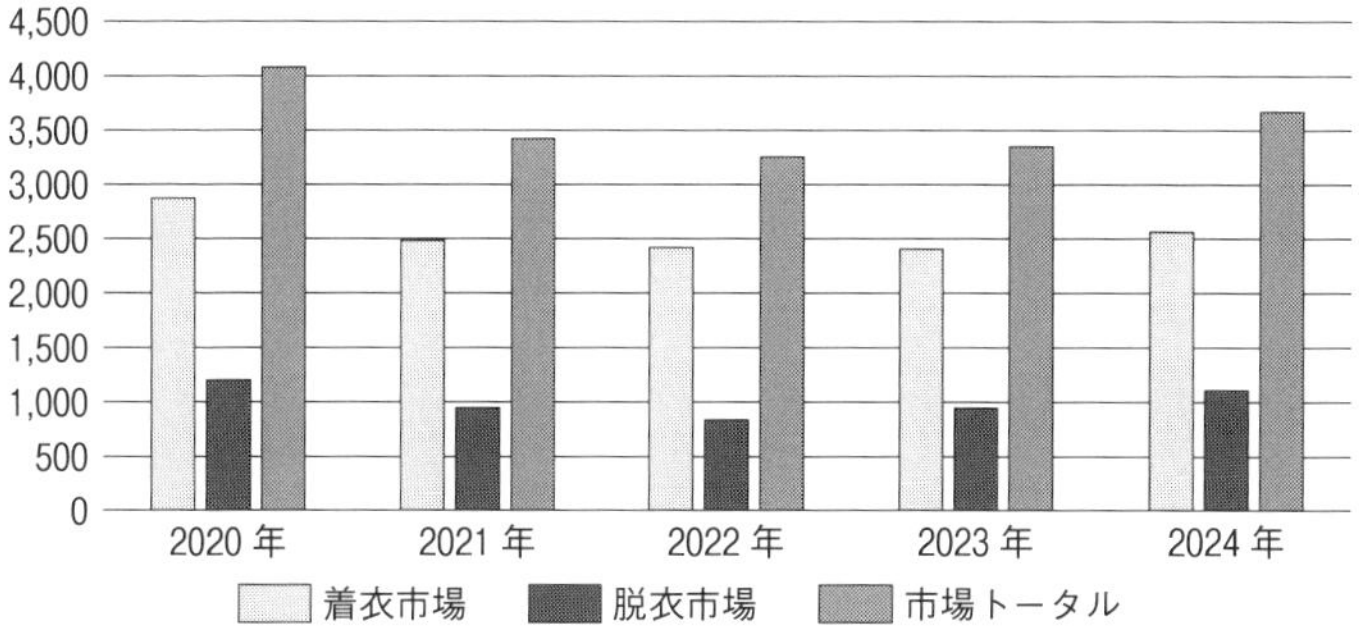

出典：美容センサス2024年上期「リラクゼーションサロン編」（リクルート）より

図表4-4-3　競合分析

店舗	SURARI	A店	B店	C店	D店
機器／手技	整体機器	手技	手技	手技	手技
顧客	女性限定	女性限定	女性56%	女性66%	男女比率不明
サービス料金（税込、60分）	¥3,300	¥5,500	¥5,500	¥5,500	¥6,000
アクセス駅から	徒歩５分	バス４分＋徒歩１分	徒歩１～２分	徒歩３分	徒歩１分
スタッフ人数	１人	４人	８人	３人	１人
スタッフ性別	女性のみ	女性のみ	男女	男女	男
駐車場	２台分	４台分	近隣Ｐ利用	近隣Ｐ利用	２台分
ベッド	２台	５台	６台	３台	不明

出典：筆者作成

入が加速、ベッドタウン化が急速に進んでいます。SURARIの商圏は半径１㎞（徒歩13分）で、50代、60代に加え働き盛りの40代が多い地域です。SURARIの顧客層は40代から60代の女性で、商圏の年齢層と重なります。

商圏内に競業サロンは多く、Ｗｅｂ検索でＧ駅周辺のリラクゼーションを含むサロンとして、23店舗が表示されました。そのうち、SURARIと同業の整体サロンは4店舗です。

駅からのアクセスはB店、C店、D店が1分～3分で利用者にとっては便利です。

それに対し、A店とSURARIは駅から5分の立地で、多少不便です。

SURARIと同様に顧客を女性のみと限定しているサロンはA店のみです。また、SURARIとA店のスタッフは女性のみです。男性スタッフを避けたい女性のお客様にとっては、SURARIかA店の選択となります。

競合とみられるサロン4店は、いずれも手技のサービスを提供しています。

整体機器を使用しているためSURARIの施術料金は、A店、B店、C店と比較すると40%ほど低い設定となっております。A店はSURARIの競合店ではありますが、価格の安さや駅からの利便性の点でSURARIのほうに優位性があります。

(3)　創業の経緯

今井代表は、2022年コロナ禍も終息に向かう中、以前から関心が高く、ノウハウがあった健康分野の事業を創業しようと考えておられました。今井代表は、コロナに立ち向かうという観点から自己免疫力の強化に着目しました。

そして、整体サロン経営であれば、自分でも実行可能ではないかと思ったそうです。ちなみに、女性創業者に最も人気がある業種はサロン経営です。その大きな理由は、サロン経営であれば、柔軟な働き方が実現できるからです。営業時間の設定を自身の都合に合わせて設定でき、完全予約制にすることで、家事との両立が図れるからです。

2022年年初に今井代表が現在お住まいの埼玉県G市の自宅から徒歩5分以内の美容院が駅の近くに移転し、2階建て建物の1階の店舗部分が空き店舗になるという情報が舞い込んできました。このチャンスを逃してはならないと思い、創業資金をなんとか工面して、悲願の整体サロンの開業にこぎつけました。２０２２年4月から整体サロンの開店準備を開始し始めてから、２０２２年6月SURARI開店までわずか2か月の超特急のスピード開店でした。

（4）創業時の課題と解決策

創業時の課題は5つありました。

① 創業の為に必要な資金の獲得

当初、事業計画を銀行に提出し、融資を依頼しましたが、残念にも審査に通りませんでした。そこで、古くからの知人に交渉し、知人が経営するC社から１００万円の融資を引き出すことに成功しました。その融資と自己資金１００万円と合わせて２００万円で開業にこぎつけました。C社からの１００万円の融資は２０２３年11月にC社に全額返済されたとのことです。

図表4-4-4　居抜き利用による創業経費節減

単位：千円

項　目	通常投資額	SURARI 投資額	節減額
敷金	890	890	0
礼金	220	220	0
建物リノベーション	11,000	0	−11,000
看板	190	190	0
応接セット	200	0	−200
カウンター	100	0	−100
測定器	700	0	−700
整体機器	700	700	0
合　計	14,000	2,000	−12,000

出典：筆者作成

②　安上がりに創業すること

創業資金も少ない状況で、事業を始めるため、どのようにして費用を押さえて事業を開始するかが課題でした。

整体サロン事業では、建物の内装や整体機器を準備する必要があり、通常約１，４００万円の資金が必要となります。

今回は居抜きの物件が利用できたため、通常と比較すると総額１，２００万円ほどの節減が可能となりました（測定器：今井代表の所有物）。

創業時の投資額（２００万円）以外に運転資金が必要ですが、それは今井代表が自身の預金から別途支出しました。

③　集客

元の美容院は長年その地域で営業していたた

め、近隣住民からその店舗の存在は良く知られておりました。前のオーナーは美容院を廃業した訳ではなく、ご自身の固定客を引き連れて駅近くに移転しました。

創業時のSURARIの知名度は当然低く、提供するサービスに対する認知度も低いことから、目標とする売上を達成するためには、広告宣伝やイベントの開催が必須でした。広告宣伝はチラシの配布やペライチで作成したホームページで行いました。当初facebookは活用されていましたが、ホームページに埋め込むかたちで運用されていた訳ではなく、独立したかたちで利用されていました。また集客クチコミサイトも未利用でした。

イベントの開催については、創業時キャンペーンとして、1か月間限定で整体機器サービス30分通常価格1,500円のところを、お試し特別価格1,000円で実施されました。キャンペーンの結果、一定数の固定顧客を確保することができました。

現在では、ホームページを改良し、Instagram、LINE、Amebaを埋め込むかたちで運用されています。また、集客クチコミサイトとしてはエキテンを利用されております。エキテンは無料で掲載可能なクチコミサイトであり、現在470万店舗が掲載されております。無料で利用できるため、創業開始間もない資金の少ない事業者の方々にとっては有難いサービスです。エキテンは多彩な業種を対象としていますが、特に整体サロンや美容サロン系の事業者から多くの支持を得ています。

④　スペースを借りる事業者を集めること

後にも述べますが、空きスペースを活用することが課題でした。

創業当初は、1事業者にスペース貸をしていましたが、その後、今井代表の知人を中心にスペース貸を利用する事業者が増えています。

⑤　駐車場の確保

SURARIの整体機器を体験するために、近隣の千葉県、東京都、神奈川県からお客様が来店することがあります。当初事業を開始された時は駐車場がなく、遠方から車で来店したお客様に対して付近の有料パーキングを案内していました。

現在は、そのようなお客様のニーズに応えるため、店舗付近に2台分の駐車場を確保しています。

(5)　創業後にうまくいったこと

広い事業所を賃借できたため、当初よりスペース貸事業を念頭に置いていました。

整体サロンで稼得する収益にスペース貸事業による収益をプラスすることで、経営の安定化を図る戦略を採りました。

創業時スペース貸利用者は、よもぎ蒸し事業者1者のみでしたが、その後に声をかけた知り合いを中心に空きスペースの利用が拡大しました。今井代表の人柄と人を惹きつける話術により、現在では新たに5業者がサロンで新サービスを提供しています。その結果、家賃負担が無くなり経営の安定化が図れました。スペース貸事業は各業者から3万円の収入が得られるため、5件のスペース貸事業で月間15万円の収入となります。それに対し、サロンの家賃は11万円です。

美容系サービス業者を貸しスペースに取り込み、今では、ワンストップの女性専用のトータル・ビューティーサロンとして顧客にアピールできています。

サービスのオプションが増えたことから、SURARIに来店すればワンストップで多様なサービスを受けられると評判になりました。

現在サロンで提供している8種類のサービスは次の通りです。

創業当初のメニューは、①整体機器サービス、②測定器サービス、③パッチ販売、④よもぎ蒸しサービスでした。

新たに追加されたメニューは、⑤足湯サービス、⑥温熱療法サービス、⑦フェイシャル・エステサービス、⑧美容カイロプラクティックサービスです。

今井代表はスペース貸事業者の選定にあたり、整体サロンの事業にマッチした事業を選んでいます。お客様は、整体の施術で来店された際に、他のサービスを受けることができます。異なるサービスが一つの店舗で展開されているため、お客様にとっては利便性が大幅に向上しました。

SURARIの一番の魅力は、周辺の顧客にとっては近くて、雰囲気が良くて、居心地が良いことです。整体機器のサービスを受けたお客様はあまりの気持ち良さにほとんどの方が眠ってしまいます、と今井代表から伺いました。

財務状況ですが、2022年の売上は120万円であったのに対し、2023年の売上は280万円でした。2022年は6ヵ月の営業であるため、営業期間を考慮すると売上の伸び率は16・6%となり、まずまずの成績と言えます。

創業2周年を迎えるにあたっての、今井代表のコメントは、「2年前に創業して本当に良かったと思います。お客様への感謝の気持ちを込めて、創業2周年記念イベントを開催する予定です」とのことです。

(6)　創業後の課題

創業後の課題は2つあります。

① 安定したスペース貸事業者を増やすこと

創業後の課題はスペース貸事業の安定とさらなる拡大です。今井代表によればかなりの頻度でスペース貸の事業者が入れ替わっています。厳しい事業環境の中、参入障壁が低いことから、簡単に事業を開始される事業者さんが多いですが、その反面駄目だと思うとすぐに事業を撤退するという事業者さんも多いとのことです。

② 整体機器を利用する顧客を増やすこと

創業当初における課題の多くは解決されてきましたが、残念ながら当初想定していた売上額を達成できておりません。整体機器サービスの利用者の拡大が引き続きの課題となります。当サロンのクチコミでは、「実際に体験してみると、その良さがわかり、くせになりそうです」というコメントがありますので、潜在顧客にそのきっかけを提供することが重要となります。

(7) 今後の方針

当初は、他都道府県への進出の夢を語られておられましたが、今は個人的な事情もあり、当面は多店舗展開をされないとのことです。

当分は現在のサロンの売上を拡大する戦略を採ることになります。サロンのスペースもまだ余裕があることから、新たな事業を誘致する戦略が有効であると思われます。

また、今井代表はスペース貸をさらに進化させ、スペースの時間貸しの実施も視野に入れておられます。スペースの時間貸は売上の安定性には欠けるものの、スペース貸よりも、時間当たり単価を高く設定できるため、集客が成功すれば、収益に貢献する可能性が高いです。SURARIの事業コンセプトに合う事業者さんが数多く集まり、当初計画した売上高を達成されることを期待します。

5 低資本で始める自動車整備工場

(1) 会社の概要

社名／屋号	(有)宝商会（仮称）	従業員数	2
業種	自動車整備・リース業	資本金	300万円
創業地域	A市（仮称）	売上高	1億円
創業年	創業　1993年6月 法人化2002年2月	開業資金	0円

(有)宝商会は1993年（平成5年）に埼玉県のA市（仮称）で創業し、自動車整備を中心に取り扱いながら自動車販売・リースも取り扱うことで、販売するだけではなくその後のサポートを充実させることで地域住民のカーライフを全面的にサポートしています。

また、(有)宝商会では技術力や外部仕入れ力が優れていることで、高い顧客満足度を得ることができており、車検台数については年間約300台、一般整備については年間600台の入庫実績を誇ります。

現在は東武東上線A駅（仮称）近・国道沿いの好立地で店舗を経営しており、1億円の売上規模に成長しています。

(2) 市場環境

自動車産業の市場規模（図表4－5－2参照）は、2023年は日本国内の自動車販売台数が前年比18%増加し、過去4年連続の減少から回復傾向にあります。このため、コロナ禍の影響は克服したと考えられます。

さらに、図表4－5－3から(有)宝商会が拠点を構えている埼玉県の自動車保有台数は2010年から一貫して増加傾向にあることがわかります。

さらに、自動車整備業界の売上は、図表4－5－4のごとく微増です。

これらより、市場には十分確保されていると思われます。

図表4-5-1　外観

写真：著者撮影

図表4-5-2　新車車種別登録台数

車　　種	2023年	前年比	2022年	前年比	2021年	前年比	2020年	前年比	2019年	前年比
普通乗用車	1,758,169	130.6	1,346,229	93.1	1,446,655	105.5	1,370,755	86.4	1,586,342	100.2
小型乗用車	893,228	101.8	877,074	92.0	953,207	86.0	1,108,077	89.7	1,235,544	94.1
小　　計	2,651,397	119.3	2,223,303	92.6	2,399,862	96.8	2,478,832	87.8	2,821,886	97.5
普通貨物車	143,690	117.2	122,629	77.7	157,781	98.2	160,678	88.1	182,391	101.2
小型貨物車	230,670	108.9	211,772	91.6	231,295	99.8	231,683	86.8	267,007	103.3
小　　計	374,360	111.9	334,401	85.9	389,076	99.2	392,361	87.3	449,398	102.4
バ　　ス	8,410	153.5	5,480	79.7	6,880	73.7	9,334	68.7	13,586	99.2
合　　計	3,034,167	118.4	2,563,184	91.7	2,795,818	97.1	2,880,527	87.7	3,284,870	98.1

上記車種別新車販売台数は、ブランド別登録車新車販売台数の車種別及び合計と合致します。
注：1）特殊車・トレーラー等を除く。
　　2）統計基準はナンバーベース。
出典：一般社団法人日本自動車販売協会連合会　https://www.jada.or.jp/pages/54/

図表4-5-3　埼玉県における自動車保有台数の推移

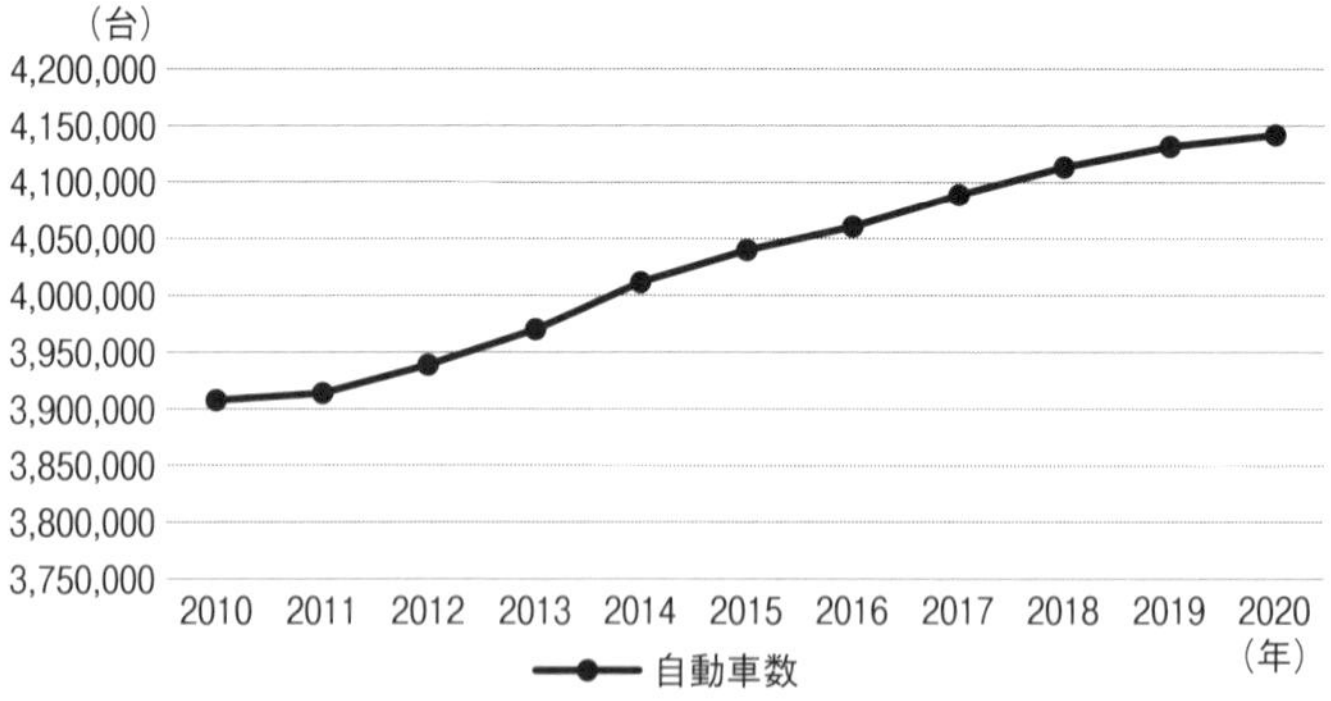

出典：関東運輸局「運輸支局別自動車保有車両数の推移」
https://wwwtb.mlit.go.jp/kanto/content/000225644.pdf より作成

自動車整備業界では新たな自動車の台頭により、ＨＶ、ＰＨＶ、ＥＶ、さらにはＡＳＶ（先進安全自動車）などへの対応が求められ始め、整備が高度化しています。しかし、２０２２年12月時点では、ＨＶ、ＥＶの故障修理に対応できる整備工場は40％、自動運転車両に必須な各種センサーを調整する「エーミング作業」については、「対応可」や「対応予定」の合計で約60％となっています。（有）宝商会は各種テスターを導入し、対応済みです。ここの部分を同業者から受託しています。

（3）創業の経緯

（有）宝商会の代表である山本氏（以下仮称）は、ディーラーと町の自動車整備工場での経験を経て独立し、自動車整備工場を創業しました。

高校を卒業後、山本氏は外車を取り扱うディー

図表4-5-4　自動車整備業界の売上

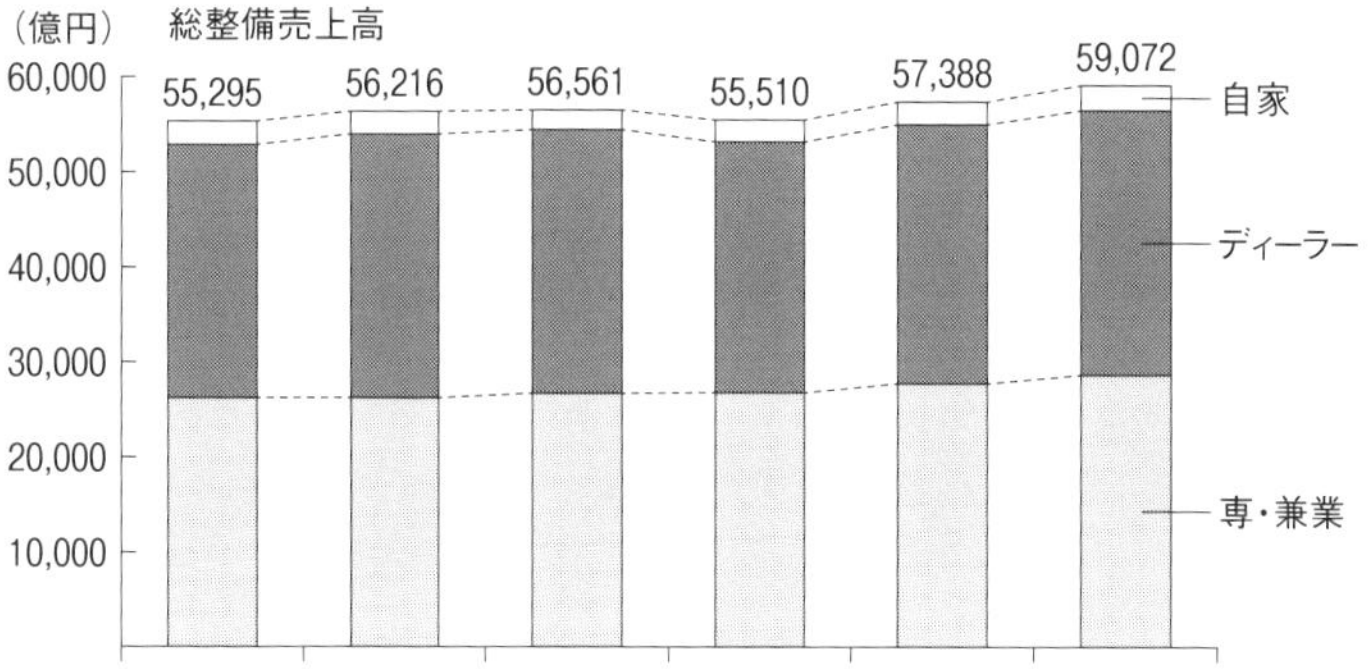

出典：（「令和６年度自動車特定整備業実態調査」日本自動車整備振興会連合会）

ラーへ就職し、自動車整備士として3年間業務に携わりました。外車ディーラーであることもあり、客層や技術力、教育体制といった環境にめぐまれ、3年間で高い技術力を身に着けました。

外車ディーラーで活躍していく中で、「自分は町を走っている車（＝国産車）を直すことができるのだろうか」と、自分の自動車整備士としての在り方に疑問を持った山本氏は、さらなる技術力向上や成長を目指し、町の自動車整備工場への転職を決意しました。そこでの経験は山本氏にとって大きな経験となっており、軽自動車から大型トラックまで幅広い自動車を整備する技術力を身につけることができただけでなく、様々な資格取得にもつながりました。町の自動車整備工場でさらなる技術力を身につけながら、さらなる自分の成長を目指したことが独立のきっかけとなったのです。

(4) 創業時の課題と解決策

東京自動車大学校によれば、「整備工場を作る開業資金は、店舗建設費、内装工事費、場合によっては土地代、さらに専用機材や設備をそろえる費用、人件費、運転資金などを含めて2,500万円~1億円といったところが目安」になります。このことから、自動車整備工場の開業には多額の資金が必用であることがわかります。

図表4-5-5　面積等の基準

面積等の基準

屋内作業場等は、対象としている自動車の種類や整備の種類、装置の種類ごとに下表のように定められています。なお、二種類以上の自動車及び装置の特定整備を行う場合は、それぞれ該当する種類に定められた基準に適合することが必要となります。

事業の種類	特定整備の種類			屋内作業場の規模の基準					電子制御装置点検整備作業場の規模の基準 ()括弧内は屋内の規模の基準		車両置場の規模の基準	
	対象とする自動車の種類	対象とする整備の種類	対象とする装置の種類	車両整備作業場		部品整備作業場	点検作業場					
				間口	奥行		間口	奥行	間口	奥行	間口	奥行
普通自動車特定整備事業	普通自動車（大型） 車両総重量8t以上、最大積載量5t以上又は乗車定員30人以上のもの	分解整備	原動機	5m以上	13m以上	$12m^2$以上	5m以上	13m以上				
			動力伝達装置									
			走行装置									
			操縦装置	5m以上	12m以上	$7m^2$以上	5m以上	12m以上				
			制動装置								3.5m以上	11m以上
			緩衝装置									
			連結装置	3.5m以上	12.5m以上	$7m^2$以上	3.5m以上	12.5m以上				
		電子制御装置整備	運行補助装置						5m以上 (5m以上)	16m以上 (7m以上)		
			自動運行装置									
	普通自動車（中型） 最大積載量2t超え又は乗車定員11人以上のもので、普通自動車（大型）以外のもの	分解整備	原動機	5m以上	10m以上	$12m^2$以上	5m以上	10m以上				
			動力伝達装置									
			走行装置									
			操縦装置	5m以上	9m以上	$7m^2$以上	5m以上	9m以上				
			制動装置								3.5m以上	8m以上
			緩衝装置									
			連結装置	3.5m以上	9.5m以上	$7m^2$以上	3.5m以上	9.5m以上				
		電子制御装置整備	運行補助装置						3m以上 (3m以上)	13m以上 (7m以上)		
			自動運行装置									
	大型特殊自動車 車両総重量8t以上、最大積載量5t以上又は乗車定員30人以上のものを除く	分解整備	原動機	5m以上	10m以上	$12m^2$以上	5m以上	10m以上				
			動力伝達装置									
			走行装置									
			操縦装置	5m以上	9m以上	$7m^2$以上	5m以上	9m以上			3.5m以上	8m以上
			制動装置									
			緩衝装置									
			連結装置	3.5m以上	9.5m以上	$7m^2$以上	3.5m以上	9.5m以上				
	普通自動車（小型） 貨物の運送の用に供するもの又は散水自動車、広告宣伝用自動車、霊きゅう自動車その他特種のように供するもののうち普通自動車（大型、中型）以外のもの	分解整備	原動機	4.5m以上	8m以上	$10m^2$以上	4.5m以上	8m以上				
			動力伝達装置									
			走行装置									
			操縦装置	4.5m以上	7m以上	$6m^2$以上	4.5m以上	7m以上				
			制動装置								3m以上	6m以上
			緩衝装置									
			連結装置	3.5m以上	7.5m以上	$6m^2$以上	3.5m以上	7.5m以上				
		電子制御装置整備	運行補助装置						2.5m以上 (2.5m以上)	7m以上 (3m以上)		
			自動運行装置									
	普通自動車（乗用） 普通自動車（大型、中型、小型）以外のもの	分解整備	原動機	4m以上	8m以上	$8m^2$以上	4m以上	8m以上				
			動力伝達装置									
			走行装置									
			操縦装置	4m以上	6m以上	$5m^2$以上	4m以上	6m以上				
小型自動車特定整備事業	小型自動車（四輪）		制動装置								3m以上	5.5m以上
			緩衝装置									
			連結装置	2.8m以上	6.5m以上	$5m^2$以上	2.8m以上	6.5m以上				
	小型自動車（三輪）	電子制御装置整備	運行補助装置						2.5m以上 (2.5m以上)	6m以上 (3m以上)		
			自動運行装置									
	小型自動車（二輪）	分解整備	原動機									
			動力伝達装置									
			走行装置									
			操縦装置	3m以上	3.5m以上	$4m^2$以上	3m以上	3.5m以上			2m以上	2.5m以上
			制動装置									
			緩衝装置									
			連結装置									
軽自動車特定整備事業	軽自動車	分解整備	原動機	3.5m以上	5m以上	$6.5m^2$以上	4m以上	8m以上				
			動力伝達装置									
			走行装置									
			操縦装置	3.5m以上	4.4m以上	$4.5m^2$以上	4m以上	6m以上				
			制動装置								2.5m以上	3.5m以上
			緩衝装置									
			連結装置	2.5m以上	4.7m以上	$4.5m^2$以上	2.5m以上	4.7m以上				
		電子制御装置整備	運行補助装置						2m以上 (2m以上)	5.5m以上 (4m以上)		
			自動運行装置									

出典：（国土交通省　東北運輸局）https://wwwtb.mlit.go.jp/tohoku/jg/jg-sub98.html

また、図表4－5－5の通り自動車整備工場の開業には十分な広さの土地が必要になることから、資金だけではなく土地の確保も大きな課題になります。特に(有)宝商会では、対象自動車の種類が図表の中の普通（大）に当たることから、自動車整備工場の中でも最も広い土地の確保が必要になります。

自動車整備工場の開業にはこのようなハードルがあげられますが、(有)宝商会においては最初の拠点を自宅の庭に置くこと、前職の時から工具を保有していたことで、資金削減を実現することができたのです。

(5) 創業後にうまくいったこと

(有)宝商会では今まで販促活動をほとんど行っておらず、その上で一定の集客が実現できているという点がうまくいった点としてあげられます。

今まで行った販促活動は、10年ほど前に開催した販売部門の展示会イベントでのチラシ（合計3回）のみであり、その他の販促は行っていません。そのため基本的に毎月の販促分配率は0％であり、その分商品や技術といった面にお金をかけることができ、お客様に還元することが可能となります。

また、(有)宝商会は販促活動を行っていないだけではなく、車検FCへの加盟もせず自社車検を行っています。車検FCに加盟するメリットは様々ありますが、集客の側面からみると圧倒的なブランド力と集客力があげられます。多くのユーザーにとって車検は馴染みがなく、また、価格が分かりづらいなど、町の車屋さんに対してユーザーが持つイメージは良いものではない場合も多いです。そのため、車検を利用しようとするとまずは近隣のFCを調べたり、多少遠方であったとしてもFC加盟店を利用したりするケースが多くなります。それだけではなく、そのエリアの車検を調べようと「○○（エリア名）車検」で検索した場合、広告上位で表示される店舗はFC加盟店である場合が多く、流入しやすいという点もあります。こういった理由から、車検FCに加盟することは自動車整備工場が集客を行う上で大きなメリットがあります。

以上のことを踏まえると、販促活動がほとんどなく、車検FCに加盟していない(有)宝商会が一定の顧客を獲得していることは、成功事例の一つだといえます。

では、なぜ集客ができているのか。冒頭でも記述した通り(有)宝商会では、高い技術力や高い仕入れ力を誇っており、高い顧客満足度を得ることができています。そのため、一度利用した顧客がリピートすることで固定客となり他社流失を防いだり、顧客が自社利用を知り合いに進めることで新規顧客を獲得したりできています。また、(有)宝商会では法人顧客を多く抱えています。法人顧客は定期的に自社をリピート利用してくれるというメリットがありますが、(有)宝商会では法人顧客がプライベートで自社を利用するケースもあります。こういったように、(有)宝商会の集客チャネルは紹介がメインとなっており、これは高い顧客満足度を追い求めているからこそ実現できた集客方法であるといえます。

(6) 創業後の課題

先述の通り、開業当時は自宅の庭から自動車整備工場が始まっています。しかし、自宅での事業には、①十分な場所が確保しづらい、②平らな場所がなく、作業しづらい、③騒音と耐水性についての課題、と言った課題がありました。

1年ほど自宅の庭で事業を行っていた時、顧客からの紹介で滑川市内にガレージ付きの土地を借りることができ、拠点を移すことに成功しました。移転後の立地は山の中と、集客等の面から考えると多少の課題はありましたが、この拠点で一定の顧客を得ることに成功しました。

その後、国道沿いという好条件な土地を知り合いから借りられることになり、2度目の移転を行いました。ここの土地は好立地でしたが、設備等が何もない空の土地となっていました。この時、会社に十分なお金が用意できなかったことから、資金を抑えてここで設備を充実させなければならない、という課題が生じました。

図表4-5-6　建築時の経費削減ポイント

材料	調達・加工方法
壁	海洋コンテナを埠頭にて購入し、代替利用
柱	余っているＨ形鋼を譲り受け、繋いだ
屋根	既存顧客に依頼。800万円の屋根を40万円まで値下げをお願いした
床	マンション建設の際に発生する端材を譲り受けた

※リフト・検査ラインは別途用意しています
出典：著者作成

山本氏はこの課題の解決するために、事務所を新たに建設するのではなく中古のコンテナハウスを購入したり、自身で整備工場を作り出したりすることで資金の削減を目指しました。山本氏が自身で整備工場を作り出すための材料調達や加工については図表４－５－６の通りです。この方法により、自動車整備工場の建設費用を１００万円にまで抑えることができました。

(7) 今後の方針

山本氏は、自動車整備工場・自動車販売店ができることは限られていると考えながら、今後は①顧客との長期的な関係構築②自動車整備工場・販売店としてのサイクルの活性化の２点を目指しています。

自動車整備工場・販売店では、自動車を販売しその後のメンテナンスを行う、そして乗り換えの時に再度販売する、メンテナンスを行う、の繰り返しを行うことがビジネスモデルのベースとなります。活動に限りがある中で、自動車業界のビジネスモデルだからこそできる取組として顧客との長期的な関係構築をあげており、開業当時から(有)宝商会を利用している固定客が多いだけではなく、孫の代まで(有)宝商会を利用しているケースも多くあります。山本氏は、顧客満足度を高めながらそのような関係性の顧客を増やし、さらなる地域貢献を目指しています。

また、山本氏は自動車業界の市場をさらに活性化させたいとも考えています。自動車整備工場・販売店では、自動車を販売しないと粗利獲得、顧客獲得は難しいです。なぜなら、販売することが自社利用の窓口になるからです。だからこそ、販売する⇓整備する⇓販売する…のサイクルを活性化させなければならないと考えています。山本氏はこの考えのもと、リース販売を強化しています。リース販売は、新車を一定の期間内で契約したのち該当車を返却することを条件に、購入と比較して格安で新車を利用できるサービスのことです。山本氏は、まず自社を利用してもらうための窓口として販売を強化するためにリース販売に注力し、自社の顧客獲得のために活動をしています。

山本氏はこのような活動を通して、(有)宝商会のさらなる発展に尽力しています。

6 市町村の補助金と内装工事の一部をＤＩＹすることにより開業時のコストを削減したハンドメイドショップ

(1) 会社の概要

社名／屋号	flagsflag（個人事業主）	従業員数	0名※1
業種	小売業※2	資本金	―
創業地域	埼玉県	売上高	271万円※3
創業年	2018年	開業資金	132万円

※1　副代表や会員となる作家さん達とは雇用契約がないため、従業員数はゼロです。
※2　店舗面積は約13㎡（3・9坪）です。
※3　会費のほか、店舗内での売上手数料やイベント売上の合計です。

2018年10月に、埼玉県でオープンしたハンドメイドショップです。

ハンドメイド作家さん達が、1点1点作ったオリジナルのアクセサリーや日常で使えるようなバッグなどを販売しております。店内は、作家さんごとで区切られたボックスショップとは違い、作家さん同士の境目をなくし、セレクトショップのような展示・販売をしています。代表者の有賀さんは、店長の目線で、出店している作家さんに対して、商品のクオリティを高めるためのアドバイス等をすることもあります。趣味で活動をしているハンドメイド作家さんが多いので、有賀さんが営むこの店舗が、「作家さんにとって、羽ばたいて独り立ちをするための通り道となり、自分のお店を持って活躍することができる、経験を積む場所となること」を願いながら、日々の営業をしています。

(2) 市場環境

① 地域の特徴

flagsflagさんが創業された埼玉県蕨市は、都心に近く、人口が密集している地域となります。さいたま市や川口市などと比較すると、地域の魅力が少なく、創業希望者が蕨市以外で、創業するケースが増えているという課題を抱えています。そして、埼玉県の南部地域よりも、補助金を含めた行政の支援施策が充実しているため、創業希望者が都心に流出することもあるようです。しかし、蕨市で創業す

図表4-6-1　店頭（左）、店内（中央）、代表者の有賀さん（右）

写真：筆者撮影

る利点としては、さいたま市や川口市などの地域より、競合する店舗等が少なく、費用面が軽減されることがあげられます。蕨市では、競合店が比較的少なく、都心にも近いこの場所を選んでもらうため、地域の特徴の1つである「顔」の見える関係性の構築を重視した創業支援を行っています。そのため、支援機関によるサポートも比較的、手厚い地域となっています。

② ハンドメイド市場

ハンドメイド作品を販売する個人事業主は、国内には多く、minne（ミンネ：https://minne.com/）や Creema（クリーマ：https://www.creema.jp/）といったサービスを利用している作家さん達が多いようです。多くの作家さんが登録していることから、ハンドメイド市場の伸びは高く、今後もその成長が期待されています。

顧客との何気ない会話ができる、居心地の良い、実店舗ならではの雰囲気の良さを伝え、作家さんに、「ここに作品を置いてほしい」と思ってもらえることが、顧客の来店を促し売上の増加につながることから、ハンドメイドショップを運営するうえで、とても重要になります。

事例の有賀さんは、このエリア内では、趣味として、編み物やハンドメイドを楽しみたいと思うシニア層が比較的多く、そのニーズが高いと感じているようです。その理由として、地域の住民が来店しやすいハンドメイドの材料などを販売する「素材市」という店舗のイベントを行うと、地域住民の来店とともに常連客が増え、店舗の賑わいとともに、作品が売れていることがあげられます。

また、新型コロナウイルス感染症が拡大した2020年4月頃は、市中からマスクがなくなり、ハンドメイドのマスクを販売していることが口コミで広がり、開店前から店舗の前に数人が並んで開店を待っていたこともあり、地域における「横」のつながりが強い場所となっています。

(3) 創業の経緯

有賀さんは、埼玉県出身で、学校卒業後、大手小売業で人材育成のトレーナーとして活躍をしていました。退職後、昔から好きだった編み物を作るようになり、趣味の一環として、2014年から実店舗を持たずイベントで販売する活動を行うようになりました。2018年にハンドメイド作家さんからの誘いで、市役所が主催する創業講座へ参加したことが、創業をするきっかけとなりました。講座内では、参加者とともに2度、販売イベントを行う経験をしました。講座終了後は、「子育て中の自分たちが働きやすい環境を、自分で作りたい」と思い、市役所の協力のもと、主婦であり、講座に参加した2人とともに、その年の10月にハンドメイドショップをオープンさせました。屋号のflagsflagは、「一旗あげよう」という思いが込められています。

(4) 創業時の課題と解決策

家庭もある主婦3名での創業だったこともあり、初期投資を抑えつつ、創業後の予期せぬリスクに備え、手元資金をなるべく残すためには何ができるのか、苦慮したそうです。

内装工事業者から最初にもらった見積もりは200万円だったそうです。かなりの予算オーバーだったこともあり、内装工事業者と再度のやり取りを行い、不必要なものを1つ1つ丁寧に内装工事業者の担当者に確認をしながら投資額を削減しても、その金額は120万円だったそうです。そこで、改めて3人で話し合った結果、副代表の山田さんの祖父が、以前、大工をされており、プロ仕様の道具が残っていたこともあり、内装工事の一部

図表4-6-2　オープン当時の店舗前で、創業者で主婦3人の記念写真

副代表の山田さん（左）、代表の有賀さん（中央）、会計の浅沼さん（右）

写真：代表者からの提供

をＤＩＹすることにより、開業時のコストを削減することを決めたそうです。仮設解体工事、電気工事（天井、エアコン本体の設置）、店頭のファザードのほか、ホームセンターで購入したペンキ代、床材、壁紙、釘代などの材料費込みで、内装工事費を93万円までに止めることができました。そのほかの諸経費を含め、店舗の宣伝広告費２万５千円を加えても、初期投資を98万円で抑えることができました。この初期投資98万円のうち、補助率１／２の市役所の空き店舗対策補助金を活用して、実際には、投資額を49万円まで抑えることに成功しました。そのほか、敷金や礼金を含む運転資金39万円は、クラウドファンディングに挑戦し、３，０００円コースからの募集で、協力者から12万円を集め、店舗のオープン費用に充当し、残りは自己資金で対応しました。

【内装工事】80万円
仮設解体工事　１０６千円
電気工事（天井、エアコン本体設置）　４１８千円
内装工事　15千円
ファザード　２１６千円
諸経費　75千円

値引き　30千円
【材料・備品購入ほか】18万5千円
ペンキ代、床材、壁紙、釘代ほか

そして、コスト削減を意識した店舗のＰＲ活動を行いました。Facebook と Instagram の利用者層が異なることを踏まえ、それぞれの特徴を踏まえた店舗の情報を配信しました。創業講座の卒業生ということもあり、市役所の広報やケーブルテレビなどの地元メディアに店舗を取り上げてもらい、パブリシティのお陰で、市内での認知度を高めることができました。

コストをかけずに、地元メディアに取り上げてもらったことで、特に、ケーブルテレビをよく見るシニア層に対する認知度や信頼度を高めることができました。

図表4-6-3　ホームセンターで資材を購入し、自ら内装作業を行った主婦3人の創業者

写真：代表者からの提供

（5） 創業後にうまくいったこと

① 店舗のオペレーションシステムの構築

主婦3人は、家庭もあり、毎日、店番をすることができないため、店舗のオペレーションを工夫する必要がありました。特に、店番のシフトを組む際には、その調整等で苦労をしていました。そこで、ハンドメイド作家さん達に、店番を手伝ってもらえる仕組みを構築しました。具体的には、店舗に、各作家さんの商品を展示・販売するスペースを提供する代わりに、月額7千円の会費を納めてもらいながら、午前、午後をそれぞれ1枠とし、店番の対応をしてくれた作家さんに対しては、納めてもらった会費から、1回の店番で、1，500円を戻し、最大月4回、6，000円まで、会費を戻す仕組みとなります。店番ができない創業者達と、空いた時間に店番を行い、会費を戻すことができる作家さんの両者にとって、うれしい仕組みができたことで、スムーズに、シフトを組むことができるようになりました。

② 認知度が高まった出来事

オープンしてから1年を迎え、間もなく、新型コロナウイルス感染症の影響により、市中からマスクがなくなり、ハンドメイドのマスクを販売していることが口コミで広がり、店舗の認知度が高まったそうです。印象的だったのが、開店前にマスクを求める地域住民の方が並ぶほどで、４月から７月の間は、店の売上が１日10万円を超える日が、ほとんどだったそうです。来店顧客の多くが、シニア層で、独立した子どもへマスクを届けるために、１枚８００円前後のマスクを数十枚購入されることも多かったそうです。新型コロナウイルス感染症の出来事で、店舗の認知度が高まり、来店顧客の一定数が固定客として、今でも継続的に店舗を利用されています。

③　地域の事業者と連携した地域活性化の取り組み

土曜日などには、ワークショップを開催し、ＳＮＳや、チラシを配布するＰＲ活動を行っています。ワークショップでは、例えば、近くの喫茶店の協力を得て、会場として店舗を利用させてもらう代わりに、ワークショップの参加者には、ドリンクを１杯注文してもらい、同時に、スタンプラリー等を開催することで地域を周遊してもらえるような工夫をしています。地域にお金が循環する

図表4-6-4　４周年記念のイベント開催の様子

写真：筆者撮影

ような仕組みを考え、地域貢献を意識した取り組みを継続的に実施することで、地域活性化に寄与し、様々な地域の情報を得ることができるようになりました。

④　BOX部員の商品展示販売スペースを設けることによる収入の増加

店舗の認知度が高まり、商品の出品を希望する作家さんが増え、会費収入の増加とともに、顧客に喜ばれる作品の幅が広がり、店舗運営にプラスの効果が波及しつつあります。新たに、月額1，000円の会費と、売れた商品の30％を手数料として支払うBOX部員が増えたことで、収入が増加しています。収支のバランスが改善し、利益の確保が可能な仕組みが整いつつあります。

(6)　創業後の課題

①　創業後の苦労

オープンした当時は、店舗販売の実績がないた

図表4-6-5　BOX部員の作品展示販売スペース

写真：筆者撮影

め、商品を展示・販売したい作家さんの会員が少なく、収益の柱となる会費収入が伸びず、資金繰りに苦労されたそうです。会員も少なく、子どもがインフルエンザなどで、出勤ができなくなることもあり、店番のシフトを組むことにも苦労されたそうです。オープン当時は、創業講座の卒業生ということもあり、市報でのインタビューや、地元のケーブルテレビなどの取材によるパブリシティを利用しながらのＰＲ活動はできたものの、認知度が低い状態が続き、来客も少なく、来店客がない日もあったそうです。店舗の認知度を高めるため、地域のイベントには積極的に参加して、1年間で、２，０００万枚のチラシを配布する地道なＰＲ活動に取り組みました。

②　のれん分けにより、オープンした元会員の店舗さんから学んだ事業継続の難しさ

有賀さんは、日々、事業を継続させる難しさを感じています。もともと自店舗の会員として商品の展示・販売を行っていた作家さんが、事例のハンドメイドショップと同じ仕組みで、店舗の運営をしたいと、のれん分けをし、埼玉県で新規店舗をオープンさせました。この作家さんが、様々な出来事から店舗を譲渡するまでの約2年間、苦労をされていた姿を見ていたため、経営の難しさを感じています。有賀さんは、のれん分けによる新規店舗のオープンで、店舗内装工事については必ずコストを抑えることが、その後の店舗運営に

大きく影響することを学びました。店舗内装工事は、計画当初よりも、資材等の高騰による外的な要因も重なり、コストが増加する傾向にあることから、留意しなければならないことの1つとしてあげられます。

そのほか、小規模事業者の場合、経営資源が限られていることから、「地域密着」が重要であることが多く、例えば、SNSを活用して、全国の作家さんに向けて商品の展示・販売を募る方法は、想像以上にコストが増えてしまうケースが多いようです。遠方の作家さんとの商品の受け渡しやそれにともなう送料に加え、少額の売上金額でも、売上金額を入金する際の振込手数料が収益を圧迫するほか、事務などの手間が増え、見えないコストも発生します。

そして、「お金」のやり取りは、店舗の「信用」に大きく影響することから、その取扱いには、細心の注意が必要となります。どんなに、忙しくても、日々の日繰り表を作成し、入金と出金の把握をすることが大切となります。事業の継続には、イベント出店も含め、短期的な収入を追うのではなく、限られた経営資源を踏まえ、「地域密着店」であるという原点を忘れずに、事業を展開することが大切となります。仮に、商圏エリアを拡大させる場合には、リスクも含め、十分な検討が必要になります。

（7）今後の方針

事例のハンドメイドショップは、「地域に密着した店舗運営」をモットーに、創業してから6年目を迎え、収支もプラスとなり、廃業する同業者が多い中で、健闘をしています。創業時3名だった主婦の一人が、子どもが大きくなり、別の職場で働きはじめたことで退会し、現在では2名体制となっていますが、２０２４年5月現在では、作家さんの会員数が30名を超え、店舗収入に貢献しています。地域で開催されるイベントには継続して参加し、人脈づくりを行いながら、店舗の認知度を高め、日々、顧客が店舗に集まる自社開催のイベントなどの企画を考えています。そして、集客の仕掛けづくりを検討し、魅力ある店舗づくりとして、地域の住民が来店しやすいハンドメイドの材料などを販売する「素材市」などの企画を定期的に実施し、常連顧客を増やしつつ集客に努めています。そして、店舗内を回遊してもらうことで、作家さん達の作品の売上にも貢献できるような工夫を試行錯誤しながら、日々の店舗運営に努め、地域に根差した経営を目指しています。

図表4-6-6　素材市の様子

出典：写真：筆者撮影

コラム　フランチャイズ加入は、時間（コスト）の削減につながり「低資本」？　「学習塾」の事例

ここで紹介する「学習塾Ａ」（仮称）は、フランチャイズ（以下、ＦＣ）の仕組みを上手に利用し、創業時の「時間」を「削減」した事例です。特徴は、自宅の一室を教室として開放し固定費を抑え、子ども達が楽しく学びながら勉強だけでなく「心」も育む教育サービスの提供を心掛けていることです。

ＦＣは、本部からの指導や教育によって、業界や店舗運営に関する知識がほとんどなくても、そこに加盟し、短期間で店舗等をオープンさせることができます。本コラムでは、「時間」を「コスト」と定義し、ＦＣ加入でそのマニュアルに沿った事業展開が「時間削減」につながり、ほかの作業時間に割り振ることができた「低資本」の創業と位置づけました。

自宅の一室を開放した教室内の雰囲気

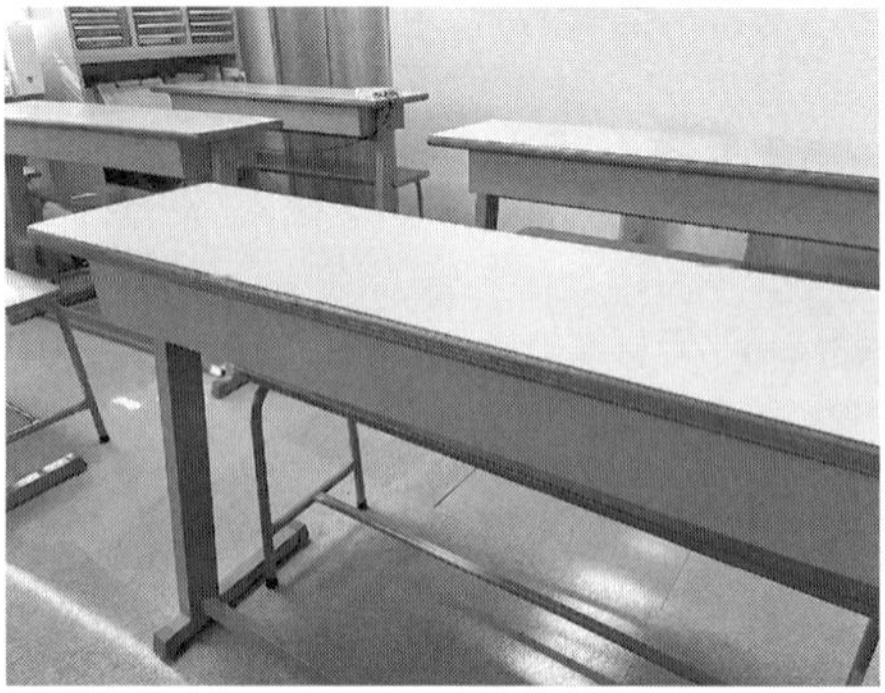

写真：代表者提供

低コストのポイントは、

（1）チラシ／ホームページ等の制作時間の削減

本部が提供するデザイン等を利用することでの制作時間の削減。

（2）教材の研究・開発の時間削減

本部が提供する教材の利用による研究・開発時間の削減。

（3）管理・運営の時間削減

本部が提供する仕組みを利用し、新たなシステムを導入・構築することなくスムーズに学習塾の管理・運営ができることによる時間の削減。

創業時のコストを抑え、資金を残すことは大切です。「時間」を「コスト」と考え、マニュアルに沿った「時間」の「削減」は、「低資本」での創業方法の1つとして考えられます。

なお、ＦＣ契約は、本部へのロイヤリティや売上に対する手数料等が発生します。そのメリット・デメリットを考慮する必要があります。市区町村や商工会・商工会議所等の窓口相談で一度、専門家に相談することをお勧めします。

おわりに

ここでの「低資本の創業」の定義は、例えば3，000万円かかるところを、何か工夫をこらし、3分1の1，000万円以下で事業を始めるということで、実際の価値的には3，000万円です。いろいろな方の創業の参考になるように、低額の資金での創業の事例を取り上げています。

具体的には、2，000万円から3，000万円かかる事業を、200万円から300万円で実現する方のための事例を集め、分析し、方法を論じています。

事例を見ると、200万円から300万円で実現するには、本人の努力と周囲の協力が必要です。例えば花屋をやりたいと前向きに考え、他人に話し続け、行動すれば、周りに協力者が現れ、物事が前に進みます。ここで、注意して欲しい点があります。一般的には、利益は投下資本に比例します。そのため、実際の価値的に200万円から300万円の投資なら、例えば2、3万円の利益しか得られないケースもありえるということです。

例外はありますが、簡単に儲かる話はそうそうないということをご理解ください。

そこで本書では、知恵や工夫・人との縁など金額に表せない価値で補い、実質的な創業価値を底上げすることを提案しています。まずは一歩を踏み出し、余力が出来れば投資を増し事業を拡大することも可能です。
本書をきっかけに起業に踏み出す方が増えることを願っております。

中小企業診断士
山下　義

【編著者】

山下 義（やました ただし）―第4章および「おわりに」担当

都立工専、電気通信大学卒業、産能大学大学院修了。１９８０年日立製作所入社、レーザーディスク1号機の開発に参加。その後ソフトウェア会社の営業を経て、コンサルティングに従事。やきとり屋の支援をきっかけに、飲食店、地域おこし、農産物加工、商店街支援、産業廃棄物処理、防災等で活躍中。千葉商科大学大学院客員教授。

池田 安弘（いけだ やすひろ）―「はじめに」および第3章担当

島根大学卒業後、アパレルメーカー、コンビニFC本部に勤務。１９９２年、中小企業診断士に登録、１９９３年独立。ＦＣ本部設立支援、新業態開発、創業支援、事業承継を専門とする。いけだ経営デザイン研究所代表。東京都中小企業診断士協会顧問。島根県よろず支援拠点専門コーディネーター。島根県商工会連合会スーパーバイザー。

【著者】

船橋　竜祐（ふなばし　りゅうすけ）―第1章およびコラム担当

東京外国語大学卒業、法政大学経営大学院修了。海外人材系ベンチャー企業、学術出版社勤務等を経て2018年中小企業診断士登録し独立。ダイバーシティコンサルティング㈱代表取締役、主たる業務は、海外人材を活用しての組織の課題解決コンサルティング。高度海外人材による起業家育成支援、海外人材活用セミナー講師、建設業の資金繰り改善なども手掛ける。

福田　まゆみ（ふくだ　まゆみ）―第2章担当

経営革新計画支援、事業計画策定支援、健康経営支援、SDGs経営支援、補助金申請支援（事業再構築補助金、ものづくり補助、IT導入補助金など）、セミナー講師（大学発スタートアップ・ベンチャー創業セミナー、FCシステム構築塾）、販売促進支援、IT活用による業務改善支援、公的機関の伴走支援など。保有資格：健康経営エキスパートアドバイザー。

吉川　尚登（よしかわ　なおと）―第2章担当

慶應義塾大学卒業。一般企業で経営企画、企業法務等に従事。中小企業診断士登録、社会保険労務士登録。中小企業に対する業務改革、事業計画作成、経営改革等の支援、補助金審査、事業承継関連等の業務を行う。行政書士、宅地建物取引士、証券アナリスト（CMA）、CFP、基本情報技術者、TOEIC900点。

金子　孝弘（かねこ　たかひろ）―第2章担当
早稲田大学卒業後、総合商社と大手出版社のジョイントベンチャーに入社。その後、家電メーカーで新型ゲーム機事業の立上げや、外資系企業でグローバルＩＰを冠したソフトウェア開発などを経て、２０２２年から中小企業診断士として創業・ＢＣＰ・ＳＤＧｓ支援などのコンサルティングに従事。

島津　晴彦（しまず　はるひこ）―第3章担当
慶應義塾大学卒業後、通信会社及びＳａａＳ事業者にて法人営業に従事。２０１８年に中小企業診断士登録。飲食店などの中小企業支援の他、セミナー講師、執筆、補助金の申請支援なども行っている。

小林　雅彦（こばやし　まさひこ）―第4章担当
東京大学卒業。大手通信会社に30年以上勤務。２０２０年、中小企業診断士に登録し「みやびコンサルティングオフィス」を開業。ＩＴ導入、創業支援、事業承継、フランチャイズが専門。業種では飲食業、サービス業を得意とする。公的機関の経営相談窓口や専門家派遣、補助金申請支援、セミナー講師、執筆など幅広く活動している。実用イタリア語検定3級。

森田　精一（もりた　せいいち）―第4章担当
早稲田大学卒業、青山学院大学大学院修了 経営学修士、中小企業診断士
コンピュータ・メーカー及びソフトウェア開発会社に勤務後、２０２０年にＭＢコンサルティングを開業。主要分野：経理・財務、業務改善、マーケティング。

山下　れい子（やました　れいこ）―第4章担当
日本女子大学大学院卒後、大手民間コンサル会社にて、自動車販売や営業支援業務に従事、特に軽自動車分野が得意である。

沼口　一幸（ぬまぐち　かずゆき）―第4章担当およびコラム
「動機付け」を意識した、経営者に寄り添った支援を心掛け、補助金申請・経営戦略策定支援の他、新たな事業に取り組む中小・小規模事業者の支援を積極的に行っている。

藤島　有人（ふじしま　なおと）―コラム担当
日本大学工学部卒業後、ソフトウェア製造業にて、業務系システム構築のSE、並びに、プロジェクトマネージャを担当。2013年中小企業診断士に登録し、2018年独立。補助金を活用したIT導入支援の他、IT研修講師を行っている。取得資格は情報処理技術者（ITストラテジスト、プロジェクトマネージャ、ソフトウェア開発技術者）、ITコーディネーターなど。

原田　純（はらだ　じゅん）―コラム担当
一橋大学卒業後、専門雑誌にて取材・記事作成。音響・楽器ファブレスメーカーでは1年超ロサンゼルスで飛び込み営業、小売部店長の後、輸出、国内営業、下請け管理、新製品企画を兼務。スタンダード市場上場会社では海外営業を担当。中小企業診断士。市川商工会議所経営相談員。これまでの支援先：デザイン会社、化粧品販売店、お弁当製造販売店、中華料理店ほか。

※本書に関する問い合わせ先　事務局　山下　義　tdyama@sc4.so-net.ne.jp　090-8104-6027

2024年11月30日　初版第1刷発行

ケースで解かる　低資本による創業の教科書
～低リスク起業で自分らしく活きる！～

編著者　山下　義
　　　　池田安弘
著　者　船橋竜祐
　　　　福田まゆみ
　　　　吉川尚登
　　　　金子孝弘
　　　　島津晴彦
　　　　小林雅彦
　　　　森田精一
　　　　山下れい子
　　　　沼口一幸
　　　　藤島有人
　　　　原田　純
発行者　脇坂康弘

〒113-0033　東京都文京区本郷2-29-1
発行所　株式会社同友館
TEL. 03(3813)3966
FAX. 03(3818)2774
URL https://www.doyukan.co.jp/

乱丁・落丁はお取替えいたします。
三美印刷／松村製本所
ISBN 978-4-496-05746-5
Printed in Japan